文史哲學集成

趙金章著

老子臆解

文史哲出版社印行

國家圖書館出版品預行編目資料

老子臆解 / 趙金章著. -- 初版. -- 臺北市：文史哲, 民 95

頁： 公分.（文史哲學集成；513）

ISBN 957-549-676-0 (平裝)

1. **老子** – 研究與考訂.

121.317　　95010684

文史哲學集成 513

老子臆解

著者：趙金章

出版者：文史哲出版社

http://www.lapen.com.tw

登記證字號：行政院新聞局版臺業字五三三七號

發行人：彭正雄

發行所：文史哲出版社

印刷者：文史哲出版社

臺北市羅斯福路一段七十二巷四號

郵政劃撥帳號：一六一八〇一七五

電話886-2-23511028・傳真886-2-23965656

實價新臺幣三八〇元

中華民國九十五年（2006）六月初版

ISBN 957-549-676-0

老子臆解 目錄

老子臆解

第一章　道可道非常道

道、可道、非常道；名，可名，非常名。
無名、萬物之始；有名，萬物之母。
故常無欲，以觀其妙；常有欲，以觀其徼。
此兩者、同出而異名，同謂之玄。
玄之又玄，眾妙之門。

【釋　義】

1.道、可道、非常道；名、可名，非常名。

「道」這個名詞，在先秦典籍中，應用的極其泛濫。它的涵意，包括合理、正常、治平、道路、理想、方法、通達、公等。此外天有天道，地有地道，人有人道，師有師道，君有君道，臣有臣道。即連智、仁、勇和五倫，也都是道。（韋政通——中國哲學辭典）

然而在道家所謂的道，不妨釋爲「萬物所以生長之總理」。「名」是名實。所以名事物，而老子將之形上化了。

「常」有永久、經常、恆常、普通、平常等意義。

自古以來，諸家都將此句不外譯爲：「道，可以用言語表達的，就不是永恆的道；名，可以用名稱界定的，就不是恆久的名。」（傅佩榮，解讀老子）

然細審：「老子修道德，其學以自隱無名爲務。居周久之，見周之衰，迺遂去。至關，關令尹喜曰：『子將隱矣，彊爲我著書。』於是老子迺著書上下篇，言道德之義五千餘言而去，莫知其所終。」（史記老子韓非列傳）。其眞實性已無從考。如果是事實，那老子寫此五千言的對象只是尹喜。如譯作：「可表達的非永恆之道；可以名稱界定的非恆久之名。」則爾後五千言所說，豈不是「非常道，非常名」嗎？

由是想到俗語有云：「師父領進門，修行在個人」之語。如果沒有師父的闡述，將何以明道；無師父之指點，何以知名。莊子外物篇云：「荃者所以在魚，得魚而忘荃；蹄者所以在兔，得兔而忘蹄；言者所以在意，得意而忘言。」所欲得者，固然在魚，在兔、在意。然而如果不經由荃、蹄、言又如何能得魚、得兔、得意呢？

因此這句話的語譯，應該淡化爲：「這裡可以爲您闡述的道，並非普通的道；可以爲您說明的名，亦非一般的名。」由是自然的引出以後的一篇言論。

2.無名，萬物之始；有名，萬物之母。

始與母，皆有始生之義。無名與有名，是時間上的差異。在萬物始生之時，尚無人類，或有人類，亦愚冥如禽獸。不知所從生者爲何物，亦無以爲名。所謂「蕩蕩乎，民無能名焉。」（論語泰伯）及至人類智慧漸增，始知萬物所以始生之母，而姑名之爲「道」。它的程序，應是：無實無名——有實無名——有實有名。

3.故常無欲，以觀其妙；常有欲，以觀其徼。

「欲」在這裡不可作「貪欲」解。它只不過是「意願」「打算」而已。

「妙」是指精微、細緻，神妙不可思議的。

「徼」音竅。歸趣、伺察、因循也。王弼注：「徼，歸終也。」言宗旨，歸趣意義之所在。

故當人們渾渾噩噩的，不得其解時。只看到了這萬物之母的巧妙，不可思議；但當人們從現象界打算去了解它時，即可以見到它的歸趣神妙的所在了。

4.此兩者，同出而異名，同謂之玄。

「兩者」是指「妙」與「徼」的作用。一是觀之淺的效應，一是觀之深的結果。雖同出於萬物之母，可都是那麼幽微、深遠而玄妙的。

5.玄之又玄，眾妙之門。

探討幽深精微之極，始知這都是一切神奇玄妙，有與無、所從出之所。

語譯：

可以爲您闡述的道，並非普通的道；可以爲您界定的名，亦非一般的名。當萬物始生之時，無以名之所自生。及人智覺察，始爲萬物所以生之母而命名。故人在渾噩常無欲求時，僅見到萬物生長之巧妙；但從常有欲求以探其究竟時，始見到它的歸趣所在。「妙」與「徼」兩者，都是生於萬物之母的演化，只程度的名稱不同。都可說是幽微深遠而玄妙的。當探討至幽深玄妙之極時，始知這都是一切神奇的有無所從出的玄妙之門。

第二章　天下皆知美之爲美

天下皆知美之為美，斯惡已。
皆知善之為善，斯不善已。
故有無相生，難易相成，
長短相較，高下相傾，
音聲相和，前後相隨。
是以聖人處無為之事，行不言之教。
萬物作焉而不辭。

生而不有，為而不恃，功成而弗居。夫唯弗居，是以不去。

【釋 義】

1.天下皆知美之爲美，斯惡已。皆知善之爲善，斯不善已。

美與惡，善與不善。是相對相成的，而且是比較而得之結果。或因認知與文化習俗而有差異。

「已」同「矣」。

既知美是好的、相對的，就有惡醜的產生。既知善是可稱譽，相對的，就有不善行爲的出現。

2.故有無相生，難易相成，長短相較，高下相傾，音聲相和，前後相隨。

有和無，即是存在與不存在，是相互產生的。當其存在即不能稱無，當其不存在，即不能稱之有，彼此是相生相形的。

易是難的基礎，由易而難，由簡入繁，是漸續相成的。

長與短是比較而得。無絕對的長，亦無絕對的短。

「傾」是傾瀉，損高而益下是謂傾。有高始可以傾下，無高即不能傾。

發音體之振動有規律，而予吾人以快感者，則其聲音曰樂音，亦謂之和。振動無規律，或爲時暫短，而與吾人以不快之感者，則曰噪音，即是不和。

前後相隨，是就時空而言。「隨」是連續不斷，有前才有後，有後必有前。彼此是接續相連的。

3. 是以聖人處無爲之事，行不言之教。

「聖人」一詞，在老子書中除少數指品德修養上之聖而無所不知，無所不能之聖人之外，多數乃指聖君聖王而言。

「無爲」在儒家謂化治於無形。在道家是無爲自化，清淨自正、純任自然。也就是內在謙虛無欲，返樸歸眞，外在不爭不逞，各因其性，各遂其生。

「不言之教」，是自己力行實踐，潛移默化，以達教育之目的。

4. 萬物作焉，而不辭。

此句是承上「無爲之事，不言之教」而來。「作」是運作，「辭」是離開。此猶中庸所謂：「贊天地之化育」直接參與，與萬物爲一。

5. 生而不有，爲而不恃，功成而弗居。

「生」是生化，「不有」是不掌控而據以爲私有。「爲」是作育。「不恃」之恃是仰賴、仗恃。不恃是不自仗恃作育成就之偉大。蓋此種化育生養之功，乃是萬物自生自成。順物性而爲，故不以己功自居。

6.夫唯弗居，是以不去。

「不去」即前「不辭」之義。功成只是段落性的功成，而不是完全的功成。蓋每年的春生夏長秋收冬藏，必需接續下去。故聖人亦須不斷的參贊不離，功何足居？

語譯：

當天下的人，都知道美好的事物，是那麼漂亮美麗時，相對醜惡的事物，也令人產生厭惡；都知良善之美德爲人讚嘆，那不善之行爲，亦相對而生。因此可知天下的事物，是有和無相互產生的，難和易是相輔相成的，長和短是比較而得的，高與下是損而相益的，音和聲要調和才能發出和悅的樂聲，前和後是接續不斷的。所以一位聖王，是以謙虛無欲的處世態度，而因其個性，以行潛移默化的教育。他贊助萬物化育之運作而不離，萬物化生亦不掌控以爲己有，一切運作，亦不仰持其成就，作育之功而不自居其勞。就因爲不居其功，是以持續贊化而不離去。

第三章　不尙賢

不尚賢，使民不爭；

不貴難得之貨，使民不為盜；

不見可欲，使民心不亂。
是以聖人之治：
虛其心，實其腹；
弱其志，強其骨。
常使民無知，無欲。
使夫智者不敢為也，
為無為，則無不治。

【釋義】

1. 不尙賢，使民不爭，

「尙」是崇尙，風尙。「賢」是具有才德之名而有地位之人。這種地位，不一定是指官位。

此謂政府如不提倡推崇賢德之人，則人民亦不爭相爲之。

2. 不貴難得之貨，使民不爲盜。

「貨」是指財貨。如金銀、珠寶、鑽石等。以其難得，所以貴重。其作用一是炫耀財富，一是可易生活上衣食之所需。治國者如使之與生活脫節，不加以貴重，則財貨不可食，不可衣、人民盜取何用。

3. 不見可欲，使民心不亂。

「見」可作「現」及「看見」二解。一是客觀的呈現而見到；一是主觀的發掘而看見。不見財貨，未能引誘其欲得之心，故民心不亂也。

4. 是以聖人之治：虛其心、實其腹；弱其志、強其骨。

故一位有國者之治道：是「虛其心」，「虛」是清虛無欲，亦莊子所說：「虛室生白，吉祥止止」（人間世），「實其腹」是滿足人民生活的基本需求。「虛」與「實」是有連貫性的，否則飽暖思淫慾矣。「弱其志」志是心志。即弱其爭強鬥狠巧詐之心志。「強其骨」是增強其健康之體魄。其中「弱」與「強」亦是相互配合的，否則即以強凌弱，恃強鬥狠，無寧日矣。

5. 常使民無知，無欲。

王弼曰：「守其眞也」。「知」有知識與智慧義。此「知」是指利用知識而產生的詭詐伎倆。老子無愚民之意。

6. 使夫智者不敢爲也。

「智者」謂有才智之人。此句是承上「不尚賢」及「知」而來。人人既不使巧，則「反朴守淳」（河上公注），智者亦無所用其智也。

7. 爲無爲，則無不治。

此是總結以上而言。謂以「無爲」之治，而行治國之道，則人民無欲無爭，安居樸實之生活，萬物各遂其生，則天下太平，政治無不上軌道矣。首一爲字當作實施作爲解。

語譯：

有國者不崇尚賢德之人，人民就不會爭相競效。不重視貴重的財貨，人民就不會有偷盜之心。不見到欲得之物，人心就不思亂。所以聖人之治道：是虛靜其心室、滿足其生活基本所需，削弱其機巧鬥狠之志，強壯其體魄。常使人民不用知能，不貪求。如此生活，使智者不能逞其機心與巧詐。以「無爲」作爲治道，則人民即能安居無爭，天下太平了。

第四章　道沖而用之

道沖而用之，或不盈。

淵兮似萬物之宗。

挫其銳、解其紛，

和其光，同其塵。

湛兮似或存。

吾不知誰之子，象帝之光。

【釋　義】

1. 道沖而用之，或不盈。

道是無形而有規律的，它是生物之本，並非空無。

「沖」俗作「冲「，乃「盅」之假借字。說文解字皿部：「盅，器虛也，從皿中聲」。錯注：「盅而用之，虛而用之也。」帛書中或用「中」或用「沖」。道無形、清靜、素樸、淡泊、以空虛爲用。如室空可以居人，器空可以容物，「或」係不定詞。「盈」滿也。道虛而用之，可能永遠不會滿盈的。

2. 淵兮似萬物之宗。

「淵」回水也（說文）。管子度地：「出地而不流者，命曰淵水。」又深也。「宗」者，同祖曰宗，又本也（見國語晉語）。又宗派也。言道深邃如萬物之本源也。

3. 挫其銳、解其紛、和其光、同其塵。

「挫其銳」，即磨去其稜角與傲氣。

「解其紛」，謂除去與外物的一切紛爭和糾葛，這兩句是內在自我的修養。

「和其光」，光，是普照萬物的。應與光，和同一致，無偏私之分。

「同其塵」，如同入境隨俗般，與萬物爲一，融和於環境中，不標新立異。這兩句是對外接物的功夫。

4. 湛兮似或存。

「湛」是深湛、深邃。此句是接承上句「淵兮似萬物之宗」而來。既是像萬物之本源，但經「挫其銳、解其紛、和其光、同其塵」之後，表面上已看不出它與萬物有何不同。只是在這深邃如淵之中，似乎仍有它的存在。

5. 吾不知誰之子，象帝之先。

「誰之子」是指從何處產生的，其母體爲何？

「象」是形像、象徵。「帝」是指天帝。它的象徵形成，在天帝之先就已有了。

語譯：

大道是以空虛的方法去運作。經常空虛，永遠不會滿盈。它深遠如萬物之本源不可測。磨去其稜角傲氣，除去一切紛亂和競爭，能與光明和同一致，無偏無私的與萬物爲一，亦無特異表現，它深邃清湛，似乎感到它的存有，吾不知它是從何而生，可是它的徵象與形成，似比天帝還先有。

第五章 天地不仁

天地不仁，以萬物為芻狗；
聖人不仁，以百姓為芻狗。
天地之間，其猶橐籥乎！
虛而不屈，動而愈出。
多言數窮，不如守中。

【釋 義】

1.天地不仁，以萬物爲芻狗

「天地」是指自然界。「仁」，論語學而篇：「泛愛衆，而親仁」，是「仁」有親愛義。

「芻狗」，河上公注：「天地生萬物，人最爲貴。天地視之如芻草狗畜；聖人視百姓，如芻草狗畜。」王弼亦注云：「地不爲獸生芻，而獸食芻；不爲人生狗，而人食狗。無爲於萬物，而萬物各適其所用。聖人與天地合其德，以百姓比芻狗也。」而莊子天運篇則謂：「夫芻狗之未陳也，盛以篋衍，巾以文繡，尸祝齋戒以將之。」一則將芻狗分爲芻草與狗畜而言之；一則謂巫祝結芻爲狗而用之。二者雖有異，要皆以自然界對萬物，並無偏私之親愛，萬物各遂其生，用則取之，不用則捨，不足惜也。

2. 聖人不仁，以百姓爲芻狗。

前言自然界之天地是如此。而具聖德之至人，上體天心，效法自然，修養到以大仁大愛普惠天下，毫無偏私，然亦非冷酷無情之旁觀者。莊子所謂「大仁不仁」（齊物論），以及「澤及萬世而不爲仁。」（大宗師）只是表面上看來，似將百姓視若芻狗，無所關愛般。

3. 天地之間，其猶橐籥乎！

「橐籥」文選陸機文賦注：「橐，冶鑄者用以吹火使炎熾」。「籥」者冶具也。所以通風鼓火之管、如笛籥者。橐者外之櫝，所以受籥也。籥者內之管，所以鼓橐也。」是俗所謂風箱之類也。此乃老子以風箱比喻天地之間的噓吸運作。莊子天運篇疏：「噓吸，猶吐納也。」

「乎」字乃後人所加，古本無。

4. 虛而不屈，動而愈出

此句是形容前句風箱之運作。亦即言天地之吐納作用。「虛」言櫝內是空而無物，「不屈」是無窮，不竭、不退伏。荀子王利：「使國家足用，而財力不屈。」「動」言風箱扇動。櫝內雖空無一物，但卻充滿空氣（風）故愈扇動，其風愈不斷產生。此猶言天地噓吸輔育萬物之生化，動而使之生生無窮。

5.多言數窮，不如守中

「多言數窮」，猶二章「行不言之教」之意。此指政令之作爲。「數」者定數、氣數，又作「速」解。「多言數窮」謂政令措施過多，則注定走向窮途末路。

「不如守中」，「中」是無過與不及，疾緩中節。天地如風箱噓吸，萬物得以滋生繁衍。但必須緩急適度，過緩與過急，都足以造成災害。氣象失調，則物類毀傷。一如政令繁複，民不畏死，則世亂。故需順應自然，疾緩中節，守住中庸之道始可。

語譯：

天地無偏私之愛，以萬物爲草狗，用則取之，不用則捨。聖人修養與天地合其德，故其視百姓亦如草狗然。天地之間的運作，就好像風箱般，噓吸之間化生萬物。而此風箱，櫝內雖空虛無物，而其扇動，風來無窮無竭。其愈動愈形運作，萬物生化的愈繁榮。然有國者，言論愈多，政令愈繁，則注定其走向窮途末路，不如順應自然，疾緩適度，守其中道爲是。

第六章　谷神不死

谷神不死，是謂玄牝。
玄牝之門，是謂天地根。

緜緜若存、用之不勤。

【釋　義】

1.谷神不死，是謂玄牝。

「谷神」，王弼注：「谷神，谷中央無處也。無形無影，無逆無違，處卑不動，守靜不衰，谷以之成、而不見其形，此至物也。」

嚴復曰：「以其虛故曰谷，以其因應無窮故曰神，以其不屈愈出，故曰不死。三者皆道之德也。」

司馬光云：「中虛故曰谷，不測故曰神，天地有窮而道無窮故曰不死。」

「玄牝」，焦竑：「牝能生物，猶前章所謂母也，謂之玄，此亦幽深不測之意。」

王淮曰：「此言大道之體性，虛無恬淡，變化不測、其實際之活動，永恆而無窮。至其所呈現者，則爲陰（牝）陽（玄）二氣之盈虛消長耳。」（老子探義）

此言大道空虛，無形，永恆不滅。發之爲用，即陰陽變化莫測而無窮也。

2.玄牝之門，是謂天地根。

釋憨山曰：「門，即出入之樞機。謂道爲樞機。萬物皆出於機入於機。故曰玄牝之門，是謂天地根。」

陰陽交配而化生之母體，是即天地所以生之樞機根本也。

3.緜緜若存、用之不勤。

「緜」即綿也。「緜緜」，連綿不斷貌，長不絕之貌。

「若存」，似有若無，存而不可見。

「勤」同懃也，擔心，愁苦也。（見法言先知）

此言道體幽微，綿長不斷、似若存有，愈動而愈出，故用之不要擔心。

勤之一字，有解作「勞」；有解作「盡」。於文意無傷。

語譯：

大道空虛神妙永恆，是乃陰陽變化莫測不已。此陰陽化生之門，即是天地始生之根本。其綿延不絕，似有若無，用之亦不必憂苦擔心。

第七章　天長地久

天長地久。

天地所以能長且久者，

以其不自生，故能長生。

是以聖人後其身而身先，

外其身而身存。

非以其無私邪？故能成其私。

【釋　義】

1.天長地久。

有作「天地久長」者，這是老子以現象界中，時空最長久的天地以諭道體。

2.天地所以能長且久者，以其不自生，故能長生。

「不自生」是不自己追求自己的生存。因爲追求自己的生存，就必須爭取自己的生存之道。在求生存當中，必須以自我爲中心。一切爲我才能利我、才能生存。其過程必需經競爭與搏取。「不自生」即是放棄與物相爭，不自我營求而私其生。亦即是：

王弼說的：「自生則與爭，不自生則物歸也。」

成玄英所云：「不自營己之生。」以及

憨山所說：「不自私其生」也。

天地既不自生，那又如何長生呢？蓋天地是包容萬物的時空所在。萬物的生生不息，也就是它的生生不息。正如一所學校，學校的好壞、繁榮、久存是靠全校師生的共同努力。有好的師資，有優秀的畢業生。一批批爲社會所歡迎所樂用。其生生不息，新陳代謝，與校舍這所時空關係，正如萬物與天地之關係相同。它們是共生的故能長生。

3. 是以聖人後其身而身先：

古代是政教合一，三王皆聖王，亦可稱聖人。因為他們是率領群衆，治國之人。天地可以不自生，因為它無自我意識，但人是血肉之軀，不能無自我意識。所以就必須效法天地，克制自己。河上公曰：「先人而後己者也，天下敬之，先以為長。」惟無私無己，庶可治民，而為人民之領袖，為衆所推崇。

4. 外其身而身存。

「外」即是置之度外，忘記自我。一切以公衆為先。大我既能存活，小我自能生存。置之度外，即是不考慮個人的一切利害與危殆，並非捨棄犧牲。

5. 非以其無私邪！故能成其私。

這句話是承上句「外其身而身存」而來的。因為外其身，即是無私；能身存，即是成其私。因為聖人未考慮自己的安危，一切為大我而奮鬥。當大我存安了，小我也為之倖存。「成其私」並非他的目的，而僅是附加成果而已。

語譯：

天是那麼的長；地是那麼的久。天地之所以能長長久久，乃是天地並不自私的爭取自己的生存，所以它才能生生不息。所以聖人也要效法它，一切都優先考慮到衆人，謙虛的把自己放在最後。如此才能領導衆人，為衆人所推崇。將自己一身的利害榮辱，置之度外。一切為大我求長榮，求共存。因之小我也隨之榮存了。並非聖人無私心，而是聖人剋制了這私心，放棄了這私心。但在爲大我奮鬥犧牲中，附加的、額外的成就了他個人的榮存，但這並非他的初衷。

第八章 上善若水

上善若水，
水善利萬物而不爭，
處眾人之所惡，
故幾於道。
居善地，心善淵，
與善仁，言善信，
正善治，事善能，
動善時。
夫唯不爭，故無尤。

【釋　義】

1.上善若水

上善是指上善之德。如若指人，亦係指「上善之人所表現之德行。」人如不能表現其上善之德，又何以能知其爲上善之人。

水是自然之物，一如日月山木大地。其本身實無善惡可言。善惡是就人的立場而言。於人有利則謂之善；於人有害則謂之惡。這與第五章：「天地不仁，以萬物爲芻狗」相同。實則天地有何仁與不仁？是以本章僅在用水性喻善德。水性至柔，柔弱勝剛強。如「天下莫柔弱於水，而攻堅強者莫之能勝，以其無以易之。」（七十八章）

2.水善利萬物而不爭，處眾人之所惡，故幾於道。

「水善」之善，是指「水善長於……」，水善長有利於萬物，如灌溉、滋潤、飲用等。但有時也會成爲洪水、淫雨戕害萬物。它不與萬物爭強、爭先、爭利。萬物都是向上生長，爭取陽光與雨露，而惡垢濁。人亦喜高貴而惡卑賤。水則不然，它能滌垢去污，趨下自居。河上公說：「眾人惡卑濕垢濁。水獨靜流居之也。」這種一利萬物、二不爭、三處人之所惡。水具有這三種條件，故水能接近於大道。莊子知北遊：「東郭子問於莊子曰：『所謂道惡乎在？』莊子曰：『無所不在。』東郭子曰：『期而後可。』莊子曰：『在螻蟻。』曰：『何其下邪？』曰：『在稊稗』，曰：『何其愈下邪？』曰：『在瓦甓，曰何其愈甚邪？』曰：『在屎溺。』」然而水之趨下，不是死水。而是川流不息。道用亦在此，故其能幾之。

3.居善地。

以下七句皆在說明水所以幾於道之原因。每句三字，首字爲動詞，次字爲形容詞，三字言目的物。

居善地，是指自處居於何地何境，均能妥善適應而安居之。這當然包括卑下之地。

4.心善淵

「心」是居心，「淵」，深也。詩邶風燕燕：「其心塞淵。」疏：「其心誠實而深遠也。」

河上公曰：「水深空虛，淵深清明。」

水深虛懷容物，而不現其形。淵深無波，故能成其靜明，而無惑也。故居心善於如淵般以自處。

5.與善仁

「與」是親附，相助也。言水能善於助萬物，相與仁愛，而無傷害之心。水能融合萬物，爲萬物除濁垢而無私，即所謂：「利澤萬物，施而不求。」（蘇轍語）

6.言善信

水不能言，就修道有成之聖人而謂之言，就水則謂其行也。「信」者實也，河上公說：

「水內影照形，不失其情也。」水以至誠反應外，絲毫不差，眞實無僞也。

7. 正善治

「正」同政，古多假正爲政。又爲「正其不正」之正。「治」爲治事，言水能持平、公正以善於治事。雲行雨施如聖人之德化般，此皆係將水擬人化。

8. 事善能

「事」謂水所能做之事。「能」是才能，言水做事皆能盡其才能，且竭盡其所有所能以忠其事。無私心，無保留。

9. 動善時

「動」是指運作、功能。「時」謂時機。應機而動，不失其時。河上公注：「夏散冬凝，應期而動，不失天時。」此進而影射修道之人，能伸能曲，持衡修身。用則仕，不用則舍。

10. 夫唯不爭故無尤。

「尤」者怨也、咎也。

河上公曰：「壅之則止、決之則流，聽從人也，水性如是，故天下無有怨尤水者也。」

前面分析過水之七種特性，此是總結上文，言不爭之德，這已是形而下在言聖人，彼若能如水般，做到仁、信、治、能、時。個人能把持著「居善地」、「心善淵」故能幾於道也。莊子刻意篇：「聖人之生也，天行。其死也，物化。靜而與陰同德，動而與陽同波。不爲福先，不爲禍始；感而後應，迫而後動，不得已而後起。去知與故，循天之理。故曰無天災，無物累，無人非，無鬼責。……虛無恬淡，乃合天德。」能如是不爭，又何尤之有也。

語譯：

上善之德像水一般。水善於滋養萬物，而不與萬物相爭。水自處於衆所卑下之處，所以它是很接近於道的。水（以諭上善之人）自處於適當應處之地，必能容萬物，靜明深沉。助萬物，相與仁愛而融合無私。以至誠之言，行而有信，善於處理衆人之事，發揮其治事之才能。應機運作，進退得宜。不與人爭。就因其不與人爭，處處謙遜，虛無恬淡，應變得宜。故能毫無怨尤。

第九章　持而盈之，不如其已

持而盈之，不如其已。
揣而銳之，不可長保。
金玉滿堂，莫之能守。
富貴而驕，自遺其咎。
功遂，身退，
天之道。

【釋義】

1. 持而盈之，不如其已。

河上公曰：「盈，滿也。已，止也。持滿必傾，不如止也。」

「持」守也、保也。「盈」滿也。器滿易傾，欲保守之，務宜謹慎，誠不易之事。

「已」止也。適可而止也，此以水為喻，保持盈滿，不若適可而止使不溢也。一如十五章言：「保此道者，不欲盈，夫唯不盈，故能蔽而新成。」

2. 揣而銳之，不可長保。

「揣」音ㄓㄨㄟ讀如錐。捶擊也。物經捶擊，使之尖銳。但不能長保其銳利。一如鉛筆，削之太過尖銳，稍作用力，即行斷折，難以長保持久銳尖也。

3. 金玉滿堂，莫之能守。

金玉貴重財貨，人人所覬覦也。滿堂，一者形容其多、一者言其炫耀於人。金玉雖多，難保不為子孫所敗；炫耀於人，是誘人盜心。如是豈能常保守之。

4. 富貴而驕，自遺其咎。

富貴乃命也、運也，非罪也。然驕則必有災殃。

「咎」爾雅釋詁：「咎，病也。」如戰國策秦策：「昔者齊桓公九合諸侯、一匡天下。

至葵丘之會，有驕矜之色。畔者九國。」以上皆言修道者之所應戒也。

5. 功遂、身退，天之道。

陸德明謂：「功遂、本又作成。」禮月令：「百事乃遂。」是遂即成也。王弼曰：「四時更運，功成則移。」河上公曰：「言人所爲，功成事立，名跡稱遂。不退身避位，則遇於害。此乃天之常道也。譬如日中則移，月滿則虧，物盛則衰，樂極則哀。」功成則名自至。非必刻意追求也。然此名之至，亦即禍之所由生。所謂功高震主。身退亦所以保命也。「天之道」乃自然之理也。

語譯：

保持盈滿（很難），不如適可而止，才能使之不溢。過度尖銳、暴露鋒芒，實難常保銳利。滿堂金玉，無法常保不散。富貴而驕矜，必遭災殃。所以事功成就之後，即當不居，不恃，不有的避去。這就是自然的道理。

第十章　載營魄抱一

載營魄抱一，能無離乎？

專氣致柔，能嬰兒乎？

滌除玄覽，能無疵乎？
愛民治國，能無知乎？
天門開闔，能無雌乎？
明白四達，能無為乎？
生之，畜之。
生而不有，為而不恃，
長而不宰，是為玄德。

【釋　義】

1. 載營魄抱一，能無離乎？

前六句古本皆無「乎」字，從省故也。今有「乎」字，皆爲後人所加。（見愈樾古書疑義舉例）

「載」有多義，作承也，勝也。易坤：「君子以厚德戴物。」故有承載之義。

「營魄」，河上公曰：「營魄，魂魄也。」楚辭遠遊：「載營魄而登遐（霞）兮。」王注曰：「抱我靈魂而上升也。」此又訓「載」爲「抱」。「抱」爲守持而弗失曰抱。

「抱一」謂守其一而弗失。「一」者道也。老子二十二章：「是以聖人抱一爲天下式」，三十九章：「昔之得一者……」。管子內業：「執一不失，能君萬物。」孟景翼正一論：「老子云：『聖人抱一以為天下式。』一之為妙，空玄絕於有境。神化瞻於無窮。為萬物而無為，處一數而無數。莫之能名，強號為一。」

言承受靈魂，抱道守一，能不離於道嗎？

2.專氣致柔，能嬰兒乎！

「專」河上公注：「專，守也。」謂專注守之而不失也。

「氣」是萬物生成之所本。莊子知北遊：「人之生，氣之聚也。聚則為生，散則為死。」淮南子原道訓：「夫形者生之舍也，氣者生之充也。」專氣功夫，乃內保之而外不蕩也。（莊子德充府）

「嬰兒」，始生之小兒也。列子天瑞：「其在嬰孩，氣專志一，和之至也。物不傷焉，德莫加焉。」王弼曰：「能若嬰兒之無所欲，則物全而性得矣。」河上公曰：「能如嬰兒，內無思慮，外無政事，則精神不去也。」老子常以嬰兒、赤子之心，比喻修道者得道之心。其二十章二十八章五十五章皆可見。

此言保此生成之氣而不蕩，能達到柔和，無欲如嬰兒嗎？

3.滌除玄覽，能無疵乎？

「玄覽」，河上公注：「心居玄冥之處，覽知萬物。故謂之玄覽。」高亨注：「按覽讀為鑒，『覽』『鑒』古通用。玄者形而上也。鑒者鏡也。玄鑒者，內心之光明，為形而之上鏡。能明察事物，故謂之玄鑒。」高先生所言甚是。古來以鏡喻心者甚夥。

此言滌除心鏡，能無所染，能不使有瑕疵嗎？

4.愛國治民，能無知乎？

「無知」有作「無爲」者。王弼河上公本均作「無知」，兪樾古書疑義舉例謂：「無知當爲無爲，即所謂敢天下當以無事也。」其說甚的當，蓋「無爲」乃對「愛國治民」而言，文義順也。

5.天門開闔，能無雌乎？

「天門」，王弼注：「天門，天下所由從也。」由是而推之，天門如同衆妙之門，亦即是生殖之門也。

「開闔」乃乾坤陰陽也，即是二氣交合而生育也。所謂純陽不生，純陰不長。生育之過程中，能缺少雌性嗎？

6.明白四達，能無爲乎？

王弼注：「言至明四達，無迷無惑，能無以爲乎？則物化矣！」明白了天地萬物深邃的運作之理，就不必有人爲之干預，而自然無爲了嗎？

然愈樾古書疑義舉例謂：「『無爲』當爲『無知』即所謂知其白，守其黑也。」蓋「無知」乃對「明白四達」而言，可參考。

7.生之，畜之。

「生之」，王弼注：「不塞其原。」是使生殖之途，暢達無阻，順利衍生。

「畜之」，王弼注：「不禁其性。」任由其各遂其性，不加干擾。順其生機，自然發展成長。

8. **生而不有，爲而不恃，長而不宰。**

萬物既生，各遂其性自由衍生成長。不以此爲已有，雖曾贊其化育，亦不自恃其功，雖助長其衍生，亦不加以主宰。首二句亦曾見於第二章。亦所以加重語氣以重複之。

9. **是謂玄德。**

書舜典：「玄德升聞，乃命以位。」傳云：「玄，謂幽潛，潛行道德。」疏云：「玄者，微妙之名。」是以「玄德」乃幽潛之德，不知所從來，不爲人知，亦不欲爲人知，爲人所報。自怡自得之德。

語譯：

身承載著靈魂，抱道守一，能無離於道嗎？

保此氣而不蕩，以達到柔和無欲，如嬰兒般嗎？

滌除心鏡，使無所染，能無有瑕疵嗎？

愛國治民，能以無事無爲而取天下嗎？

生育中二氣的交合，能缺少雌性嗎？

眞知灼見，能不知其白而守其黑清靜以下嗎？

順其生機，暢達無阻，各遂其性，自然衍生。

不據爲己有，不自恃其功，助其成長，而不宰制它。

這就是所謂幽潛不爲人知之德性。

第十一章　三十輻共一轂

三十輻共一轂，當其無，有車之用。埏埴以為器，當其無，有器之用。鑿戶牖以為室，當其無，有室之用。故有之以為利，無之以為用。

【釋　義】

1.三十輻共一轂，當其無，有車之用。

「輻」，爲輪中直木。「轂」，是輻所輳集也。六書故曰：「輪之中爲轂，空其中，軸所貫也。」河上公曰：「古者車三十輻，法月數也。共一轂者，轂中有孔，故衆輻共湊之」。又曰：

「無，謂空虛。轂中空虛，車得去行，轝中空虛，人能載其上也。」轝者輿之或字。三十根直木，共輳一個轂圈，當其中空虛可貫車軸時，即有了車輛運轉的作用。

2.埏埴以爲器，當其無，有器之用。

「埏」又通挻。徐灝曰：「老子埏埴字作挻，蓋假借通用，荀子性惡篇：『陶人埏埴而爲器。』字正從土。又管子任法篇：『猶埴之在埏也。』則是器名。從土更無疑矣。」河上公本作「挻」，今改爲「埏」。埏者，造瓦之器也。

「埴」，黏土也。沙少土黏，可燒以成器。埏者范也，模型也。壓榨濕土可以成器物。是以埏當其空虛時，可以壓土有製器物之作用。

3.鑿戶牖以爲室，當其無，有室之用。

一切經音義：「一扇曰戶，兩扇曰門。」戶者居室出入之所也。

蒼頡解詁：「牖，旁窗也。所以助明者也。」

室雖空虛，然無戶不得以出入；無牖無以助明。故當屋室空虛、鑿門窗始可有居處之用也。

4.故有之以爲利，無之以爲用。

此乃總結上文。言有轂之容軸，埏埴爲瓦，戶牖可以出入助明等的有益好處，實乃由於轂空容軸，才能發揮車輛轉動載物的作用；埏空虛可以榨泥成瓦的作用；有戶牖之空無才可以有屋室居處之用。故而有物以成其功效和利益。虛空乃能發揮作用。

語譯：

車輪的三十根木。共集在一個轂上。轂中空可以穿軸，則可以使車輪轉動，使車有載物的作用。陶匠使用埏榨土以成器，是在埏中空時，才能發揮其製瓦的功用，建造房屋，鑿開門窗，才能使屋室發揮居處的用處。所以有此物才能有此物的利益；而空虛無物時才能發揮其作用呀！

第十二章 五色令人目盲

五色令人目盲；
五音令人耳聾；
五味令人口爽；
馳騁畋獵，令人心發狂；
難得之貨，令人行妨。
是以聖人為腹不為目。
故去彼取此。

【釋義】

1.五色令人目盲，

「五色」，釋文云：「青、赤、白、黑、黃也。」俗稱「紅、黃、藍、白、黑也。」實則「五色」即猶言「五光十色」，謂光彩色澤之豔麗明亮也。

「目盲」並非眞的成爲瞎子，乃是令人目眩神迷，視覺麻痺也。

2.五音令人耳聾，

「五音」，釋文云：「宮、商、角、徵、羽也。」是單一的五種聲音。但實際所指是由此五音所構成的音樂。音樂本是娛人的，但如過份沉溺其中，如近代重金屬樂器。雖不能使人眞的耳聾，惟久之成習，則不但不能欣賞清新雅緻輕柔的妙音。且致使聽覺麻木，聽而不聞也。

3.五味令人口爽，

「五味」，釋文云：「酸、鹹、甜、辛、苦也。」又周禮天官疾醫：「以五味、五穀、五藥養其病。」注：「五味，醯、酒、飴蜜、薑、鹽之屬。」實則謂以此調味之各種食物。

「爽」，差也，忒也。爾雅釋言郭注：「皆謂用心差錯不專一。」謚法云：「爽，傷也。」王弼曰：「爽，差失也。失口之用，故謂之爽。」亦本此意。醒世恒言曾謂：「爽口食多，應損胃；快心事過，必爲禍。」皆言精美食物，食之過多，亦令人味覺麻木，遲鈍而傷身也。

4.馳騁畋獵，令人心發狂，

騎馬打獵，本爲衣食所需。而古人缺乏娛樂，是以帝王貴族，多以此爲運動消遣。中古歐洲亦甚流行。猶之今之賽車。不顧身家性命，瘋狂追逐，致不可理諭。

5.難得之貨，令人行妨，

王弼注：「難得之貨，塞人正路。故令人行妨也。」「行」謂德行品行造詣。「妨」，說文：「害也」。韻會：「礙也。」是傷害、阻礙、妨害之義。

貪求難得之稀世珍寶，不循正途，巧奪強取，傷害一個人的品德和修養。

6.是以聖人爲腹不爲目。故去彼取此。

河上公曰：「守五性，去六情，節志氣，養神明，去彼目之妄視，取此腹之養性。」

王弼曰：「爲腹者，以物養己；爲目者，以物役己。故聖人不爲目也。」

「爲腹」是滿足生理的基本需求。或謂內在的自我探討，修道者之潛修涵養也。

「爲目」，是以簡馭繁的說法，包括目視、耳聞、口食，騎馬打獵，貪求稀世珍寶等的外在追求。

故聖人探求內在的修養，只滿足生理的基本需求。而不去追逐肉體外在感官的滿足。故去其外不遺其內也。彼者，五色、五音、五味，馳騁畋獵、難得之貨也。此者，爲腹不爲目也。

語譯：

過度追求光彩色澤之豔麗，會令人目眩神迷、視覺麻痺。過分享受音樂之聲律，會令人重聽、聽覺麻木。追求過多的精緻美食，會令人味覺遲鈍而傷身。縱情於騎馬狩獵的娛樂，會令人喪心病狂，盲目尋求刺激。貪求稀世珍寶，會令人品德修養受到傷害。所以聖人只求果腹以探討內在的修養，而不去追尋肉體外在感官之滿足和享受。故聖人去其外，而不遺其內的返樸虛靜。

第十三章 寵辱若驚

寵辱若驚，貴大患若身，

何謂寵辱若驚？

寵為下。得之若驚，失之若驚，是謂寵辱若驚。

何謂貴大患若身？

吾所以有大患者，為吾有身，

及吾無身，吾有何患？

故貴以身為天下，若可寄天下；
愛以身為天下，若可託天下。

【釋 義】

1.寵辱若驚。

「寵」有尊重、崇敬義。如君之於大臣；又有寵愛、嬖倖之義，如君之於嬪妃。若寵極而不知急流湧退，隨之而來的必是秋扇見棄之辱。甚或刑囚至死之辱。寵辱皆取決於人而不在己。其來去驟然不可測。驚其何以猝至！懼其何以突受此辱。

「若」應作如此解。謂寵辱皆如此令人驚懼。修道之人不應有得失之心，應超然於寵辱之外。

2.貴大患若身，

「貴」，重也。謂重視、重要。有感於寵辱之所加者，在於有此身也。人處處爲己身設想，大患之降臨，就在於重視此一身軀也。

3.何謂寵辱若驚？寵爲下。

陳景元、李道純本，均作「何謂寵辱若驚，寵爲上，辱爲下」，此分寵辱爲上下，有貴賤之別。

傅范與開元本作「寵爲下」一句。

河上公本作「辱爲下」一句。王弼本作「寵爲下」一句。然寵辱決之於人，而己不能拒。「辱爲下」自不待言，而「寵」者，「禍兮福之所倚，福兮禍之所伏。」（五十八章）豈又能稱之爲「上」，宜從王說。

4. 得之若驚，失之若驚，是謂寵辱若驚。

寵辱在於人之好惡。臨之不可拒；受之心欠安。得之張惶失措，而懼辱之不遠矣；失之不省自己何以獲罪，茫然爾後如何自處。二者皆所以令人驚懼也。

5. 何謂貴大患若身？吾所以有大患者，爲吾有身。及吾無身，吾有何患？

此即七章：「外其身而身存」之義。

王元澤曰：「老子先明寵貴之累。而寵貴之累，皆緣有身而生。故因譬貴之若身，遂及無身之妙。莊子曰：『忘其所不忘，而不忘其所忘，是之謂誠忘。』亦明此義。而孔子毋我。理與是同。學期於此而已。」（老子注）

人們喜言：「我將如何如何。」爲此身爭名、爭利。彼此相鬥則禍由此生，苟能去此私欲、後其身而身先，外其身而身存。破我執，無身以忘我，則何患之有？

6. 故貴以身爲天下，若可寄天下；愛以身爲天下，若可託天下。

「貴以身爲天下」謂能重視以身爲天下犧牲者。

「愛以身爲天下」謂甘願以身爲天下犧牲者。

此言無非忘己，而與天下萬物爲一、則此人可以天下相寄與，可以天下相託付了。

語譯：

寵愛和羞辱，都令人驚懼。而大患之來臨，就在於重視此身之存在。什麼叫做「寵辱若驚」呢？因爲寵也是身不由己的卑下。得之不知緣何而得；故措愕；失之不知咎在何處？而懼禍之將至。這就是「寵辱若驚」。什麼叫「貴大患若身」呢？我們所以有大患之降臨，乃在於我們重視時刻繫念這個身體的存在。如果我們能去除私欲，忘掉這個身體的存在，那還有什麼禍患可怕呢？是故能以重視己身之心，爲天下服務犧牲。則此人可以天下相寄與。如甘願以珍愛己身之心，爲天下工作犧牲，則此人可以天下相付託了。

第十四章 視之不見

視之不見，名曰夷，
聽之不聞，名曰希，
搏之不得，名曰微。
凡此三者，不可致詰，故混而為一。
其上不皦，其下不昧，
繩繩不可名，復歸於無物，

是謂無狀之狀，無物之象，是謂惚恍。
迎之不見其首，隨之不見其後。
執古之道，以御今之有。
能知古始，是謂道紀。

【釋義】

1.視之不見名曰夷，聽之不聞名曰希，搏之不得名曰微。

「夷」、「希」、「微」三字，河上公曰：「無色曰夷，言一無采色，不可得視而見之；無聲曰希，言一無音聲，不可得聽而聞之；無形曰微，言一無形體，不可摶持而得之。」

「搏」，依說文解字：「索持也。」也就是「捕執」、「攫取」之義。

因其無色，故不可見；因其無聲，故不可聞；因其無形，故不可捕執。但事實他卻是客觀存在的。非物理世界中，感觀所能覺察到的。

呂氏春秋大樂篇：「道也者，視之不見，聽之不聞，不可為狀。有知不見之見，不聞之聞，無狀之狀者，則幾於知者矣。道也者，至精也。不可為形，不可為名。強為之名，謂之太一。」

此章皆在言道體。

2.此三者不可致詰，故混而為一。

「此三者」，乃謂「夷」「希」「微」三者。

「不可致詰」，河上公云：「不可致詰，夫無色、無聲、無形。口不能言，書不能傳。當受之以靜，求之以神，不可詰問而得之。」

「致詰」，即詳加究問也。莊子知北遊：「道不可聞，聞而非也；道不可見，見而非也；道不可言，言而非也。知形形之不形乎？道不當名。」所謂「不能致詰」，不可言。非不能言也。乃言時恐掛一漏萬，不完整，不周全，即不等於道。一如輪扁之技無以傳子孫。蓋修道之途，非言語所能表達，要靠個人的心身體驗。此即是「受之以靜、求之以神。」故混合「夷」「希」「微」三者爲一，始能體道。一者道也。

3. 其上不皦，其下不昧。

「皦」，明也（方言），白也（玉篇）、淨也（一切經音義引埤蒼），「昧」，昏暗也。

道本無上下可言，因其無形也。道亦無光明昏暗可言，因其無色也。此言其混然一體不可言狀也。

4. 繩繩不可名，復歸於無物。

「繩」音ㄇㄣˇ。「繩繩」河上公曰：「繩繩，動行無窮極也。」釋文：「無涯際之貌。」這是形容「道」於動行之中，無窮無盡，毫無涯際可尋。這樣說來又怕別人誤會道是可見的。故又隨之即說「復歸於無物」，言道仍是無形無象之物。有謂「繩繩」即「玄玄」之義。然「玄玄」乃言幽遠深邃，形容空間，而「繩繩」有度量意，漠然恍惚不絕，無窮極也。

5.是謂無狀之狀，無物之象，是謂惚恍。

高亨曰：「無物之象，蘇轍本、林希夷本、董思諸本、並作『無象之象』，作無象之象較勝。」此乃配合上下文，因上言無狀之狀。故下言無象之象，改與不改皆不傷文義。

王弼曰：「欲言無邪，而物由以成。欲言有邪，而不見其形。」言無形狀之可見，無現象之可尋也。

「惚恍」又作「忽恍」。河上公曰：「若存若亡，不可見之也。」王弼曰：「不可得而定也。」

道之體用，若有若無，似實亦虛，不可辨識也。

6.迎之不見其首，隨之不見其後。

「迎之」是正面觀察，「隨之」是從後加以追尋。

嚴幾道曰：「見首見尾，必有窮之物。道與宇宙皆無窮者也，何由見之。」因其無形無窮，故無首無尾可見也。

7.執古之道，以御今之有。

「執」是掌握，此處之「道」乃言方法與原則。「御」是駕馭、統馭、運用。「今之有」

是指今日現象界，所呈現的一切自然化生之發展。掌握了古代生化作用之原則與方法，運用到今日現象界之自然生化之發展，自能體道與萬物爲一。

8.能知古始，是謂道紀。

「能」或作「以」。此所謂以用見體，以今推古。「古始」，即遠古之始。

河上公曰：「人能知上古本始有一，是謂知道綱紀也。」

憨山亦說：「綱紀謂統緒也。」

韓非子主道篇：「道者萬物之始，是非之紀，是以明君守始，以知萬物之源。治紀以知善敗之端。」

故「紀」亦謂記識（釋名釋言語），或紀錄，見文選張衡東京賦：「咸用宗紀。」李善註：「紀、錄也。」猶言道在歷史上留下的紀錄，故道紀者所以推知古始也。

語譯：

看不到的叫夷，聽不到的叫希，捉摸不到的叫微。「夷、希、微」三者，是無法窮究探索的。三者是混爲一體的。由於它是渾然的，所以上下看不見它是光亮的或昏暗的。它是那麼綿延無涯，不可言狀。又回到沒有物質形象的境界。是沒有形狀的形狀，沒有物質的現象。可說是若有若無，似實又虛的惚恍狀態。正面迎去，看不見它的頭，後面隨著也不見它的背。雖是如此，如我們能掌握住古往今來的原則或方法，來運用掌控著今日現象界萬物所有，就能知道自古始以來道的運作紀錄和軌跡。

第十五章 古之善爲道者

古之善為道者，微妙玄通，深不可識。
夫唯不可識，故強為之容：
豫焉，若冬涉川，
猶兮，若畏四鄰。
儼兮，其若客，
渙兮，若冰之將釋。
敦兮，其若樸，
曠兮，其若谷。
渾兮，其若濁。
孰能濁以止，靜之徐清，
熟能安以久，動之徐生。
保此道者，不欲盈。
夫唯不盈，故能蔽不新成。

【釋　義】

1. 古之善爲道者，微妙玄通、深不可識。

「道」字王弼本原作「士」。後漢書黨錮傳引作「道」。高亨曰：「作『道』是也。六十五章曰：『古之善爲道者，非以明民，將以愚之』，即其證也。」今據以改之。

「微妙玄通」，言理趣精隱，迴絕思議，幽深暢達也。王淮老子探義：「微妙，喻其『體』之無爲。玄通，喻其『用』之無不爲。」是以古代善於修道之士，其理之詣趣精隱，迴絕思議；其用之幽深暢達，故其精神深遠不可辨識也。

2. 夫唯不可識，故強爲之容。

「容」者，儀容、形容。就因爲其精神幽深不可識，不易辨解，故只有勉強加以形容描述。

3. 豫焉若冬涉川，猶兮若畏四鄰。

「豫」與「猶」皆動物，性多疑。今常「猶豫」連用引伸爲臨事不決也。

「豫」又作「預」。先事曰豫。中庸曰：「凡事豫則立，不豫則廢。」言冬日渡河，水深淺莫測，冰厚薄不知，故事先應作萬全之準備，如工具裝備方法等。

「猶」者又謀也。詩小雅宋芑：「克壯其猶」，注：「猶，謀也。」謀是計劃，應戒愼勿驚擾四鄰，以亂我序列。此言修道者之心態，應戒愼恐懼以自持。

4.儼兮其若客，渙兮若冰之將釋。

「儼」，敬也，矜莊貌。言其恭敬莊嚴的像做客般，一切聽任主人的安排，河上公曰：「如客畏主人，無所造作也。」

「渙」，說文：「渙，流散也。」河上公曰：「渙者解散，釋者消亡。除情去欲，日以空虛。」此言修道者，莊敬不爲萬物主，而能流散其自我之一切情欲。如冰之融化爲水而與道爲一，和光同塵也。

5.敦兮其若樸，曠兮其若谷。

「敦」，是厚實。「樸」，是未經雕琢的素木。

河上公曰：「敦者質厚，樸者形未分。內守精神，外無文采。」言修道者的外表應敦厚內守質樸。

「曠」，是空廣。「谷」，是沖虛。

河上公曰：「曠者寬大，谷者空虛。不有德，功名無所不包也。」猶言虛懷若谷，能容萬事萬物也。

6.渾兮其若濁。

「渾」者夾雜不清。此借渾爲溷也。「濁」者亦言溷亂，水不清也。

河上公曰：「渾者守舉眞，濁者不照然也。與衆合同不自尊。」此言修道者，和光同塵，與萬物渾然爲一，不可辨識。外雖渾濁，其內照然。

7.孰能濁以止，靜之徐清。孰能安以久，動之徐生。

此兩句頗多爭議，重點在於「止」與「久」之有無，本文依道藏河上本。濁是動態所呈現之不清狀。止之而靜，始能使之徐徐澄清。此功能誠不易，亦非外力能使之然。皆在於修者道心自持之功也。

由濁止、靜清，而至於安久、動生。這一連串的演進，是修道者內心的進程。動濁止而靜，靜而後則清。清靜能安然持久，則道心引動，徐徐而生。此心遂能合同萬物，與之共成長共演化也。

王弼曰：「夫晦以理物則得明，濁以靜物則得清，安以動物則得生，此自然之道也。孰能者，言其難也。徐者，詳愼也。」

8.保此道者不欲盈。

此乃總結上文。謂修道者豫焉，猶兮、儼兮、渙兮、敦兮、曠兮、渾兮，以至靜之清，動之生。應保此而不使之盈溢。蓋將滿而未滿，尚有餘地。乃是最適當的程度。以盈滿不易保持且易傾也。

9.夫唯不盈，故能蔽不新成。

「蔽」者，王弼注：「覆蓋也。」「新成」，創新的成就，就因爲要保此道而不欲盈。故能凡事皆不炫耀其成功不誇耀其新的成就。

「不」爲語助詞。書多方：「爾尚不忌于凶德。」及詩大雅崧高：「不顯申伯。」古來不丕通用。丕用爲無義之助詞處甚多，故不亦用爲助詞。

語譯：

古代善於修道之人士，其「理」詣趣精隱，迴絕思議；其「用」幽深暢達，故深遠不易辨識。因其不易辨識，這裡我們勉強就其外貌加以描述：他們像準備周全，在冬天過河一樣，計劃周密唯恐驚動四鄰。他們莊敬的像做客一般，融和如冰化爲水樣。敦厚的像塊素木，謙沖的虛懷若谷。他、物我和同，渾然不可辨。誰能使渾濁靜止而漸澄清，誰又能在久安之後，而能蠢然運作與萬物共生共化呢？爲了保此修道之成果，就在於不要自持滿盈而驕。就因爲處處謙虛不自滿盈，故能不炫耀其才知而隱蔽自己新的成就。

第十六章　致虛極

致虛極，守靜篤。

萬物並作，吾以觀復。

夫物芸芸，各復歸其根。

歸根曰靜，是謂復命。復命曰常。

知常曰明，不知常，妄作凶。

知常容，容乃公，公乃王，王乃天。天乃道，道乃久，沒身不殆。

【釋 義】

1. 致虛極，守靜篤。

虛和靜都是修道內心的功夫。王弼注說：「言致虛物之極篤，守靜物之眞正。」虛，即是沖虛，是虛懷若谷之虛，虛非無物，而是無成見，謙虛能容物之虛。靜，是無念起念落之煩。應萬念具息的靜。

極和篤都是境界。即虛應達到極致空無的虛。靜應達到篤守其眞而不亂的靜。這就像一個具有武術根基的人，再去拜師學藝時，師父往往一再交待：「你應把過去所學的統統忘掉，要完全像初學者一樣，完全接我所教的，不要每學一個招式，就拿來和你過去所學的作比較。說什麼過去所學的如何如何，這一招應該如何等等。」是同樣的道理。

2. 萬物並作，吾以觀復。

前面虛與靜，是修心功夫。這裡是對於外界「觀照」，王弼曰：「以虛靜觀其反復，凡有起於虛，動起於靜。故萬物雖並動作，卒復歸於虛靜，是物之極篤也。」

「萬物」，其中人也佔一席。「並作」，謂同時運作——生長繁衍。「觀」是以道的立場去看萬物。也即是在虛靜極篤之後去觀。「復」是反復、回復、重複。因爲萬物皆是由

「無──有──生──老──病──死──無」而循環著。以虛靜之心看萬物之循環反復運作。

3.夫物芸芸，各復歸其根。

河上公曰：「芸芸者華葉盛。言萬物無不枯落，各復返其根而更生也。」華即古花字。王弼曰：「各返其所始也。」言更生是由無而有再行生長運作。始是言其始生之處。是皆指道體，即第六章所謂：「玄牝之門，是謂天地根。」這個生死之門，亦即是四十三章所說：「道生一，一生二，二生三，三生萬物」的道。道體虛無，無中生有，有復歸於無也。

4.歸根曰靜，是謂復命。復命曰常。

河上公曰：「言安靜者，是謂復還性命使不死也。復命使不死，乃道之所常行也。」歸根即歸於道之虛靜。復命、河上公所謂「復還性命使不死也」，是就整體而言，亦即是再生，非個體之不死也。這由無而生而死再至於無，是萬物經常運行著，亦如荀子天論所云：「列星隨旋，日月遞炤，四時代御，陰陽大化，風雨博施。萬物各得其和以生，各得其養以成。」這就是常。

5.知常曰明，不知常，妄作凶。

前面是觀察芸芸萬物歸靜，復命的常行。這裡是察知萬物發展運作的常理。

河上公曰：「能知道之所常行，則爲明。不知道之所行，妄作巧詐，則失神明，故凶也。」

能知就是智慧聰明，內照之明。不知即是愚昧，如違反常理，詭譎妄作，豈能不凶。

6. 知常容，容乃公，公乃王，王乃天。

王弼注：「無所不包通，則乃至於蕩然公平也，則乃至於無所不周普也。無所不周普，則乃至於同乎天也。與天合德，體道大通，則乃至於極虛無也。窮極虛無，得道之常，則乃至於不窮極也。」

「容」字，王弼謂：「無所不包通。」而河上公則注：「去情忘欲，無所不包容也。」此亦去成見，去雜念，致虛靜，無不包容也。其包容乃公平、公正，無所偏私也。至於「公乃王」中之「王」有以爲是「全」字之誤。然此亦疑測耳。王弼、河上公、傅奕、景龍等本均作「王」字，實不宜改動。且「王」字在此亦有解。王有「天下所歸往也」之義。廣雅譯詁「王，大也」之義。至大而無外，故能周普無不包容也。並與天同，與道爲一，而能長久生化不息也。

7. 天乃道，道乃久，沒身不殆。

天有形而上之天，有形而下自然之天。所謂「道生天地」乃指自然之天，故次於道，形而上之天幾於道。「道乃久」之久，是永遠久恆之義。「殆」字，釋文：「殆，怠也。」怠者慢也、惰也。言修道之士，得道之後，終其一身之久，不可怠惰也。「殆」字作危殆亦通。

語譯：

修道之士，修養心性，沖虛達到極致。守靜達到眞實的境界。然後再看外界萬物運作，並與其同生長。由是可體察其中「復」的道理。萬物紛芸，由花葉茂盛，而枯萎，以至回歸其根本。這回歸到根本，就入於靜。也就是回復到大自然生命之運作中，萬物再回復生息。這就是一種常則，知道了這生息不止的常道，就能參悟明澈。然若不知其常道，則易詭譎妄作而陷入凶惡。是故知道了常道，便能心容萬物，能容萬物則必公平無私，能公平無私，便能大而化之萬物歸附無遺。萬物歸附即是天之運行，天道合一，天即道，道能恒久，故修道之士終其身都不能懈怠！

第十七章 太上下知有之

太上，下知有之；
其次，親而譽之；
其次，畏之；
其次，侮之。
信不足焉，有不信焉。
悠兮其貴言。
功成事遂，百姓皆謂：我自然。

【釋　義】

1.太上、下知有之，

「太上」，猶言最上也。居尊上之位者。亦作「大上」，左傳襄二十四年：「大上有立德。」疏：「大上謂人之最上者，上聖之人也。」漢書匡衡傳：「言大上者，民之父母。」

王弼曰：「居無爲之事，行不言之教，萬物作焉而不爲始，故下知有之而已。」

太古之世，其君立德，行無爲之治，各遂其生，民但知有其上而已，帝力何有於我哉！

2.其次，親之譽之，

河上公曰：「其德可見，恩慧可稱，故親愛而譽之。」

此是指次等之世，君主有心有爲而治，以仁德治天下，所謂「先天下之憂而憂，後天下之樂而樂」，如堯舜禹之治天下。人民感其德，故親之譽之。

3.其次，畏之，

再次一等之國君，不尙仁德，專任法治。以刑罰導民，殘刻寡恩。王弼曰：「不復能以恩仁令物，而賴威權也。」河上公注：「設刑法以治之。」人民懼刑之加身故畏之。

4.其次，侮之，

「侮」，輕慢也。辱弄也。

王弼及河上公本皆作「其次侮之」。于省吾曰：「何氏校刊，諸本無下『其次』二字。」

吳怡新譯老子解義說得很對，他說：「……仍有層次的不同。『畏之』是指的以刑法使人民畏懼。……尚可以致治。可是『侮之』卻不同，這是指君主根本不遵守法度……無政治可言。」

這是比「畏之」更次一等的國君。

5. 信不足焉，有不信焉。

誠信不足，而以欺詐權術爲手段。一次二次或許有效，久則人心覺悟，則不再信賴也。故河上公曰：「君信不足於下，則應之以不信，而欺其君也。」

6. 悠兮，其貴言。

「悠兮」，王弼本作「悠兮」。河上公本作：「猶兮」。孫登本作「由」。馬如龍曰：「悠本字疑當作啾。」按「啾」字於玉篇有：「啾嘆而無聲，言安靖也。」衡諸下文，以作「悠兮」較順。蓋「悠」者憂思也。詩周南關睢：「悠哉！悠哉！輾轉反側。」

「貴言」者，物以稀爲貴，以其不多，故珍惜之。此謂想來想去，仍以少言珍惜爲貴。

7. 功成事遂，百姓皆謂我自然。

「功成事遂」，是指四時代作，春生夏長秋收冬藏，萬物繁衍之事功，完成而順遂之時。

「百姓皆謂我自然」之「自然」，與二十五章「道法自然」等處（五十一及六十四章等）之「自然」，有些不同。「道法自然」之自然，是指「天然」是「天使之然，非關人爲也」。

而此處之「謂我自然」是指「無勉強也」。晉書裴秀傳：「生而岐嶷，長蹈自然。」此言行動不受約束，自由自在，無外力之干預也。

語譯：

上古的國君，治理天下，臣民但知有一位國君存在而已，與他似無關係。次一等的國君，以仁德治世，愛民如子，所以臣民樂於親近他、稱譽他。再次一等的國君，是以法治世、以刑威民，使人民畏懼他。最次一等的國君，是以欺詐權術爲手段，愚弄人民。故人民起而反抗、進而推翻他。可見國君如無誠信之德，或不足時，臣民也不會以誠信相待。所以國君之治道，應是多思考、少發言。行無爲之事，不言之教。在人民各安其業，各遂其生之時，人民都說：「我生活的自由自在，沒有一點外在的壓力。」

第十八章 大道廢

大道廢、有仁義。
智慧出，有大僞。
六親不和，有孝慈。
國家昏亂，有忠臣。

【釋 義】

1.大道廢，有仁義。

「道」，分形而上的道，和形而下的道。形而上的是天道，是萬物所以生之理，是「日月炤遞、四時代御」的理。豈可言廢。是不能，也無法廢。形而下的是人道，是人應該如何做人的道理。以儒家來說，即是「君君、臣臣、父父、子子、夫婦」之道。今日君臣應廣義的包括主管和部屬，老闆與伙計，尊長及青幼。這是融合社會，由下而上穩定社會的基本架構。因其是人事故而能廢，以致造成君不君、臣不臣、父不父、子不子。人道遂爲之廢。此時必須以仁義來規範世人。仁義並非大道廢而新生的。蓋古代人道未廢時，人各行其當行，爲其當爲。雖無仁義之名，而仁義已在其中矣。及至道廢，遂復提出仁義，以使之回復故有，而規範其行爲，故有些強制性。

2.智慧出，有大僞。

王弼本作「慧智」。河上公本作「智惠」，傅奕、吳澄、魏源等注本作「智慧」，然究無失其本義，故採通俗用法之「智慧」。

智慧並非壞事。如言大智、大慧、聖智、聖慧等。而此處之智慧，是指施於日常生活中的小聰明、權術、巧詐、詭譎等的損人利己小手段。並非造福人群，謀利大衆的大智慧。這是人類物質文明進化，人們以奇異的技巧，所造成的奢侈享受出現後，爲爭取自己的利益和享受所使出的小巧手段。物質文明進化與社會道德修養，呈反比成長。文明愈進化，倫理道德愈淪喪。上古帝王與人民同耕作，所居亦不過是草屋土堦，故讓位亦有人不受也。

「僞」者詐也，爲之而非其眞也。書周官：「作僞心勞日拙。」又人爲也。荀子性惡：「可學而能，可事而成之在人者，謂之僞。」

3.六親不和，有孝慈。

「六親」王弼注：「父子、兄弟、夫婦也。」自來說六親者不一而足。如爾雅釋親：「諸父一也、諸舅二也、兄弟三也、姑姊四也、昏媾五也、姻婭六也。」總之謂骨肉血親之人也。其本應父慈、子孝、兄友、弟恭、夫婦相敬愛。這是自然如此的。但知慧出則六親因爭財利，奪祖產而反目成仇。所以又加強提出子應孝，父應慈的倡議，以求六親歸之於和睦，蓋六親爲社會之基礎。其基旣毀，其上必危。

4.國家昏亂，有忠臣。

所謂「疾風知勁草，版蕩見忠臣」，河上公注：「政令不明、上下相怨，邪僻爭權，乃有忠臣匡正其君也。」

昇平之世，非無忠臣佞奸也。蓋其時國君英明，修身納諫。忠臣無以現其忠，奸佞無以逞其惡。及至君昏政亂，奸佞操權。忠臣欲有以匡之，而不爲所納。國政日非，是有關龍逄、比干之被殺。老子有見於此，所以始有下章之主張，非無因也。

語譯：

當維繫社會倫理的大道廢棄時，才有以仁義來規範人心。當社會上有巧詐詭譎的聰慧出現時，則會有更大的虛僞詐騙產生。在六親失去了正常倫常關係時，於是就提出孝慈的主張來匡正人心。當國政荒亂，國君昏憒時，就會有一些赤膽忠心的臣子，企圖匡救危急了。

第十九章　絕聖棄智

絕聖棄智，民利百倍；
絕仁棄義，民復孝慈；
絕巧棄利，盜賊無有。
此三者，以為文，不足，
故令有所屬：
見素抱樸，
少私寡欲。

【釋　義】

1. 絕聖棄智，民利百倍；

「絕聖棄智」合言之應作「絕棄聖智」。「聖智」乃一事，不可分解。王弼曰：「聖智、才之善也。」

「聖」字本義通也。（見說文）故道德修養造乎極地者謂之聖。此老子所推崇者。而其引伸爲，凡精通一事，他人莫能及者。諸如詩聖、草聖等。此「聖智」乃言極其精明聰慧而小巧靈活者，制作技巧者，此老子所棄絕者也。故上下皆能以純樸無爲，厚重篤實爲本，無榨取巧奪之事，人民自然獲百倍之利。

2. 絕仁棄義，民復孝慈，

「絕仁棄義」亦即是「絕棄仁義」，注意這個「復」字，乃是人民本來就有「孝慈」之行。一如烏之反哺，羊之跪乳。但行之不知其名，自然而然爲之，不知其所以然也。及至「仁義」出，則虛僞做作，沽名釣譽之事出。已失仁義之實。故應絕棄之，使民回復其本然也。

3. 絕巧棄利，盜賊無有，

「絕巧棄利」即「絕棄巧利」，巧是巧妙技巧，利是利益。「巧利」者是以巧妙不當的手段，獲得滿足一己之利的利益。老子崇尙人民大衆的公利，揚棄只滿足個人的私利。他要公利不要私利；要大利不要小利。一如禮記禮運大同篇所言：「……貨惡其棄於地也，不必藏於己；力惡其不出於身也，不必爲己。是故謀閉而不興，盜竊亂賊而不作……」此時盜賊自然無有了。

這裡所用的絕棄二字，並非眞能絕而棄之。只是置之不用而已。聖智、仁義、巧利三者不可棄絕得一無所有。

4.此三者以爲文不足。

「此三者」即是指「聖智」、「仁義」，以及「巧利」。它們是三個詞，不容分開。否則應稱「此六者」。

「文」者飾也，見廣雅譯詁。亦即文采修飾也。言此三者僅是爲外表的裝扮和粉飾，實屬不足，它需要內在實質的厚樸。

5.故令有所屬，見素抱樸，少私寡欲。

王弼注：「聖智，才之善也；仁義，行之善也；巧利，用之善也。而直云絕，文甚不足，不令之有所屬，無以見其指。」

「故令有所屬」，乃言此三者，只是外表的粉飾，不足爲重。雖有善之可取，然單獨無法存有。必須令他有所歸屬。蓋「皮之不存，毛將焉附」。而其所歸屬附著的是「見素抱樸，少私寡欲」。「見」者現也。外在呈現的是素而不華，不加裝扮。「抱樸」，樸是未加雕琢的原木。擁有自然的純樸。減少私心，少起慾念，如此三者附之才有意義，否則大僞出矣！

語譯：

如果能將極精明小巧的聖智，置之一旁，人民便會受到百倍的利益；如果不過度倡導仁義，那人民就會回復到原來孝慈的行爲；如果能捨棄巧奪，以滿足自己的私利，則就不會有盜賊產生。因爲絕棄「聖智」、「仁義」、「巧利」三者，如果只是用來修飾文采這個社會人民的行為，實有不足。使此三者必須有所依附和歸屬。令其歸附的，就是抱持純樸自然，外無華飾，內存少私寡欲的心。

第二十章　絕學無憂

絕學無憂。
唯之與阿，相去幾何？
善之與惡，相去若何？
人之所畏，不可不畏，
荒兮其未央哉！
眾人熙熙，如享太牢，如春登臺。
我獨泊兮其未兆，如嬰兒之未孩。
儽儽兮，若無所歸。
眾人皆有餘，而我獨若遺。
我愚人之心也哉！
沌沌兮，俗人昭昭，我獨昏昏。

俗人察察，我獨悶悶。
澹兮其若海。
飂兮若無止。
衆人皆有以，而我獨頑且鄙。
我獨異於人，而貴食母。

【釋　義】

1. 絕學無憂。

「絕學無憂」重點在於「無憂」，因爲學而有憂，那又何必去學。故「學」在此被界定爲「有憂之學」與「無憂之學」。

荀子勸學篇云：「君子之學也，入乎耳，著乎心，布乎四體，形乎動靜。端而言蝡而動，一可以爲法則。小人之學也，入乎耳，出乎口。口耳之間則四寸耳，曷足以美七尺之軀哉！古之學者爲己，今之學者爲人。君子之學也以美其身，小人之學也以爲禽犢。」故禽犢之學，可憂而亦宜絕之。老子非必滅絕學習，否則世人皆爲無知之白痴，豈有聖人在焉。

2. 唯之與阿相去幾何？

成玄英曰：「唯，敬諾也。阿、慢應也。」「唯」與「阿」皆回應之聲。「唯」是恭敬之應，而「阿」是侮慢之應。雖同是以一字相應，而其間的恭敬與怠慢又相差幾許？老子本意是相差甚遠，而故意於此加重語氣反問之。其實此句亦係在扣緊前面「有憂之學」與「無憂之學」相去幾何？

3.善之與惡，相去何若？

「善」與「惡」是相反的兩個極端。一如「唯」與「阿」，可是善惡都非絕對的。它會隨時間、環境、國情、民俗等而有所不同。過去的善，今則以爲惡，如裹小腳；過去的惡，今則以爲善，如衣著之暴露等。其間又相去何若呢？老子是要我們超越這世俗的執著，以爲修道舖路。

4.人之所畏，不可不畏，荒兮其未央哉！

「荒」者，迷亂也。書五子之歌：「內作色荒，外作禽荒。」「央」者，已也、盡也。九歌雲中君：「爛昭昭兮未央。」注：「央，已也。」蓋言迷亂無已也。

這句話是由前句「善之與惡相去何若？」而來。蓋由於時間、環境、國情、民俗之不同，其善惡之分也有不同。如處其境而不隨其俗，從其好惡，即爲人所排斥。故人之所畏，吾亦畏之，以入境隨俗。然而內心必須有所主見，有所執著。否則入不同之國，遇相異之俗，其所畏者何其多也。豈不令人迷亂不已無所標準矣。

5.眾人熙熙，如享太牢，如春登臺。

「熙熙」是和樂貌，高高興興的樣子。「太牢」，指牛羊豬三者之肉俱備者爲太牢，言其豐盛。僅有其中一者之肉謂之少牢。「如春登臺」，除王弼本他本亦作「如登春臺」。「春臺」者喻盛世也，猶言美好的遊觀之處。

河上公注：「春陰陽交通，萬物感動，登臺觀之，意志淫淫然。」淫淫者，浸淫增長也。

此言衆人像高高興興的在這享受豐筵，如春日登上美好的遊觀之所般的歡暢。

6. 我獨泊兮其未兆，如嬰兒之未孩。

「泊」字，止舟也。故有止息、棲止之義。陳子昂詩云：「聞君太平世，栖泊靈臺側。」「兆」者，原是古代灼龜以卜，視其裂紋以斷吉凶。今轉爲幾事先見之朕兆也。「嬰兒」，初生之赤子。純樸天眞無邪。「孩」指孩童或孩提。孟子盡心：「孩提之童。」注：「孩提、二三歲之間。」謂已具情欲好惡之心。

此謂我獨棲止於無爲無欲萬念未作之時，如嬰兒尚未長成孩提之純眞素樸。

7. 儽儽兮，若無所歸。

王弼注本作「儽儽」。河上公注本作「乘乘」。傅奕本作「儡儡」，說文：「垂貌，一曰嬾解。」畢沅曰：「說文解字，儡，敗也，讀若雷；儽，垂貌。一曰懶懈；乘，覆也。三義皆相近，其聲則猶乃之讀爲仍矣。」綜合而言，應解作頹喪貌，嬾散貌。乃言修道者頹然若喪，漫無目的，無所歸依狀。

8. 衆人皆有餘，而我獨若遺。

「餘」者飽足也。國策秦策：「不得煖衣餘食」進而爲人自滿自足。「遺」者，亡失也。

釋文謂「遺、本作匱。」是有不足之意。

王弼注：「衆人無不有懷有志，盈溢胸心，故曰皆有餘也。我獨廓然無爲無欲，若遺失之也。」

此謂衆人皆以追求名利，自滿自足。而我修道者棄名利求無欲素樸，尚感德之不足也。

9. 我愚人之心也哉！

大智若愚，是形愚心不愚。此言以上之「嬰兒之未孩」、「若無所歸」、「獨若遺」等行爲。難道說我是個愚蠢的人嗎？

河上公云：「不與俗人相隨，守一不移，如愚人之心也。」

10. 沌沌兮，俗人昭昭，我獨昏昏。

「沌沌」者，文選枚乘七發：「沌沌渾渾，狀如奔馬。」善注：「沌沌渾渾，波相隨之貌。」銚注：「沌沌，盛流貌。」謂隨波逐流也。「昭昭」者，明也。王弼曰：「耀其光也。」

此謂我隨波逐流，順應自然。世俗之人卻是那麼明白有主見，而我則獨獨昏然隨化。

11. 俗人察察，我獨悶悶。

「察察」者，分析明辨也。「悶悶」者，渾噩也，寬大也。

世俗之人觀察仔細、分析明辨。而我獨渾噩不加辨識。

12. **澹兮其若海，飂兮若無止。**

「澹」王弼本作「澹」。而河上公本作「忽」。

「飂」王弼本作「飂」，而河上公本作「漂」。

「澹」通憺，安靜也。亦澹泊也。

「飂」音ㄌㄠˊ、ㄌㄡˊ、ㄌㄡˋ高風也，涼風或極陰之風。

我心平靜的如海之深廣，如陰涼的高風漂無所止。

「海」在北方人稱大的湖沼為「海子」非必指海洋。

13. **眾人皆有以，而我獨頑且鄙。**

「有以」之以，解作用也、為也。見論語為政：「視其所以。」及孟子滕文公上：「以鐵耕乎？」王弼注亦云：「以，用也。皆欲有所施用也。」「頑」者，愚也，鈍也。見廣雅釋詁，乃愚鈍不化也。「鄙」者，朴野也。莊子胠篋：「焚符破璽，而民朴鄙。」乃朴野固陋也。

此謂一般世俗之人，皆自以為有用於世，而欲有所作為。而我們修道之人，獨懷道以行，日不離道，其表現若愚鈍不化，朴野固陋者也。

14. **我獨異於人而貴食母。**

「食母」者，禮內則：「大夫之子有食母。」注：「食母，乳母也。」王弼注：「食母，生之本也。」河上公注：「食，用也。母，道也。」

道生萬物，如乳母之食嬰兒。嬰兒捨此則無以爲生。此言我修道之人，獨與他人不同。懷道、行道、日不離於道。故貴在以道爲生之本也。

語譯：

要滅絕一切可憂之學，始可無憂。然其間甚難區分。如恭敬的回應「唯」與怠慢的應答「阿」能差多少？令人喜之「善」與使人惡之「惡」，又有多少區分？一般人所畏懼的，我們不可不畏懼。否則即爲所排斥。但內心必有所主見或分辨。否則境異俗異，豈不令人迷亂而沒有標準，不勝其煩嗎？一般人像是高高興興的享用豐盛的筵席，又如浸淫在春日登臺遠眺的歡樂中。而我獨棲止於無爲無欲，萬念未作，如嬰兒尚未成童般的純眞素樸中。我頹然若喪，像漫無所歸的遊人。衆人皆自滿自足的追求名利，而我猶感德修之不足。我難道是具有愚蠢之心的人嗎？我隨波逐流，順應自然，世人那麼明白有主見，而我卻昏然隨化，不明其所以。世人明辨深究，而我卻渾噩默然無辨。我心平靜如海之深廣，若陰涼的高風飄無所止。世人皆以自己有用於世，而欲有所作爲，而我卻愚鈍不化，朴野固陋如村夫。我所以獨特與人不同者，乃是因爲我是貴重在以道爲我生養之本也。

第二十一章 孔德之容

孔德之容，惟道是從。
道之為物，惟恍惟惚。
惚兮恍兮，其中有象。
恍兮惚兮，其中有物。
窈兮冥兮，其中有精，
其精甚真，其中有信。
自古及今，其名不去，以閱衆甫。
吾何以知衆甫之狀哉！以此。

【釋義】

1. 孔德之容，惟道是從，

「孔」者大也。「德」者得也。得之於道也。「容」者儀容、含容、容納也。

管子心術上：「德者道之舍，物得以生。……故德者得也。得也者其謂所得以然也。以無爲、之謂道；舍之，之謂德。故道之與德無間。」

形而上之道，人得之以生而爲德。故道是本尊，德是分身，二而一也。此謂偉大的德，其所含容的一切表現和運作，都是以道爲標的，從隨之無片刻離去也。

2. 道之爲物，惟恍惟惚。

道非實質之物。此言「物」謂其物象也。「恍惚」者在第十四章即已解作「是謂無狀之狀，無物之象。是謂惚恍」。道是無形貌，不可辨識，所見不眞切也。似有若無，難以捉摸也。

3. 惚兮恍兮，其中有象。

「象」者形狀、現象也。道有些像電氣般。近距離你會感受到電氣的波動。它無形貌，有時會砰出火花來。道亦不可辨識，若有若無。但有些現象卻證實它確實是存有的。

4. 恍兮惚兮，其中有物。

俞樾古書疑義舉例謂：「『道之爲物，惟恍惟惚。惚兮恍兮，其中有象。恍兮惚兮，其中有物。』按惚兮恍兮兩句，應在恍兮惚兮兩句之下。蓋承上惟恍惟惚之文。故先言恍兮惚兮其中有物。與上文道之爲物，惟恍惟惚、四句爲韻。下云惚兮恍兮，其中有象。乃始轉韻也。王弼注：萬物以始以成，而不知其所以然。故曰恍兮惚兮，惚兮恍兮，其中有象也。注文當是全舉經文，而奪其中有物四字。可知王氏所據本，猶未倒也。」錄此並作參考。

此言道在運作中似有卻無，似無卻有，恍惚間感到其中若有物體存在。

王弼云：「以無形始物，不繫成物。萬物以始以成，而不知其所以然。」

5.窈兮冥兮，其中有精。

「窈冥」者，深遠難見之義。淮南子覽冥：「深微窈冥難以知論，不可辨說也。」「精」者，精粹、精華也。但此處之「精」，卻是指不死的精氣。如管子內業所言：「精也者，氣之精者也。氣道乃生。」又說：「精存自生，其外安榮。」這個精是生天生地生萬物之精，雖是深遠難見，然其中必有此物也。

6.其精甚眞，其中有信。

「眞」者僞之反，眞實不假也。「信」者誠信、確實，不欺、不變也。

莊子德充府：「夫道有情有信，無爲無形。可傳而不可受，可得而不可見。」

言其精氣眞實無欺，確切存有。

7.自古及今，其名不去，以閱衆甫。

「閱」者更歷也、經歷也。漢書文帝紀：「閱天下之義理多矣！」注：「猶更歷也。」「甫」者始也。王弼注：「物之始也。」

道生天地，存在於天地之先。從古至今，一切惟道是從、無須臾離也。道本無名，強爲之名，字之曰道。道歷經了各種事物的肇始，言下之意，它亦經歷了各種事物的終結與毀滅。

8.吾何以知衆甫之狀哉！以此。

十四章云：「執古之道以御今之有，能知古始，是謂道紀。」

我是如何得知萬事萬物肇始的狀況呢？那就是由於我得到了這道體之眞諦——德，而得知的。此指德言也。

語譯：

偉大的德，其含容的一切表現和運作，都是跟從道而來的。道的物象是若有若無不可辨識的。恍惚之中它有一些現象，證明它的存有。也是在不可辨認中感到有物體運動。它雖是深遠難見，然其中必有生養萬物的精在。這個精氣眞實無欺，確實存有。從古到今，道的名字都未離去過。所以它閱歷過萬物的肇始與創生。我是如何知道萬物肇始的狀況呢？那就是因爲我得到了道的眞諦以古御今呀！

第二十二章 曲則全

曲則全，枉則直，
窪則盈，敝則新，
少則得，多則惑。
是以聖人抱一為天下式。
不自見，故明；

不自是，故彰；
不自伐，故有功；
不自矜，故長。
夫唯不爭，故天下莫能與之爭。
古之所謂曲則全者，豈虛言哉！
誠全而歸之。

【釋　義】

1. **曲則全**、
「曲」謂彎曲、委曲也。莊子天下篇：「人皆求福，已獨曲全。」郭注：「委順至理則常全，故無所求福，福已足。」即言委曲足以保全也。

2. **枉則直**，
「枉」者屈曲、邪曲、不正也。論語顏淵篇：「子曰：舉直錯諸枉，能使枉者直。」此謂舉用正直者，放置於邪曲之上，能使邪曲者亦正直。

3. **窪則盈**，
「窪」字，玉篇：「窪，牛蹄跡水也。」言小水也。又劉勰新論忘瑕：「牛蹋之窪，不生魴鱮。」此言量小不能容物，易滿盈。少有得意，即自滿自得。

4. 敝則新

「敝」者，破舊、敗壞也。修道者不容有破敗之心，必日新又日新日日新也。除舊所以布新也。而除之務盡，始足以更新。

5. 少則得，多則惑。

世人多不滿足，求多求富。多則求更多，富則求益富。孰不知人人求多，必有爭奪。其多者人人覬覦，豈能長保，甚而生命亦爲之喪失。不如少得則無人相爭，自能有計劃的享用。且多則紛亂不知所措，反而浪費不得其用。故少則可得其用，多則費而難保，終日戰兢不安能不惑嗎？

6. 是以聖人抱一爲天下式。

「一」者，道也，見第十章。「式」者，法式，原則。因是古之聖人，懷抱道心，以純樸無欲之之德，而爲天下人之法式。

7. 不自見故明，不自是故彰。

「見」者，現也。「不自見」即不自我表現的去做一個表演者，而是屬於旁觀者之立場，冷靜觀察，一切是非好壞自然昭明於目。

「不自是」即是不自以爲是。「自是」是主觀的，不接受他人意見，剛愎自用。「不自是，是客觀的，謙虛的，故能彰顯其美德。

8.不自伐故有功，不自矜故長。

「伐」者，自誇其能謂之。左傳襄公十三年：「小人伐其技以馮君子。」朱駿聲云：「謂自拔擢，誇異於人也。」人能謙遜自持，不自誇耀。他人自將事功歸之。

「矜」者，自賢也；自尊大也。禮表記：「不矜而莊。」一個人能不妄自尊大，自然能成爲受人尊敬的長者，而足以領導群倫。

9.夫唯不爭，故天下莫能與之爭。

爭的原因是因爲有個自己。爭的目的也是爲了自己。所爭的無非是名與利。「明」「彰」是名；「功」「長」是利。如能捨此自私自利的小我，而能與道爲一，清虛自守，見素抱樸，去修養自己的德，涵養自己的心性，進而贊萬物之化育。天下人又有誰能與之爭呢？

10.古之所謂曲則全者，豈虛言哉！誠全而歸之。

此僅言「曲則全」乃舉一以該前言之全部也。

「誠」者，眞實不虛。「全而歸之」簡言即「全歸」。謂人是受父母之身軀而生，當不虧不辱以沒世也。禮祭義：「父母全而生之，子全而歸之，可謂孝矣；不虧其體，不辱其身，可謂全矣。」疏：「不虧其體，不辱其身，可謂全矣者，非直體全，又須善名得全也。」是謂全受全歸。

古人所謂「曲則全」這那是空虛的說詞呢？那實在是從父母所受之身，能爲之不虧不辱以沒世，而全受全歸也。

語譯：

能委曲則可以求全，正直可以感化邪曲，景小容易自滿，除舊可以布新，少得則可以享有，多求則成迷亂。所以聖人懷抱素樸無欲之道，作爲天下人的準繩。他不自我表現，故能明見。不自以爲是，謙德才顯。不自誇其能，才有功績。不妄自尊大，自能成爲尊長。就因爲他不與人爭，所以天下就沒人能與他相爭。古人所謂「曲則全」的說法，豈是空談呀！那實在是受父母之身，能不虧不辱以終其生的全受全歸呀！

第二十三章　希言自然

希言自然。
故飄風不終朝，驟雨不終日。
孰為此者？天地。
天地尚不能久，而況於人乎！
故從事於道者：
　道者同於道；
　德者同於德；

失者同於失。
同於道者，道亦樂得之；
同於德者，德亦樂得之；
同人失者，失亦樂得之。
信不足焉，有不信焉。

【釋　義】

1. **希言自然，**

「希」者，少也。論語公治長：「怨是用希」「希」亦包括「稀」。

這四個字由於斷句不同，意義即有差異。如作「希言，自然。」則「自然」成為「希言」的述語。說明少言語才是自然亦即為政者少有作為，一切順乎自然。如果作「希言自然」則「自然」成為「言」的受詞。乃謂世人很少談到自然的現象，下面即以自然現象為例。

2. **故飄風不終朝，驟雨不終日，孰為此者？天地。**

「飄風」者，有二義：一謂旋風也。見爾雅釋天：「迴風為飄。」注：「迴風即旋風。」又作回風。一為暴起之風也。見小雅何人斯：「其為飄風。」傳云：「飄風，暴起之風。」二者皆可通。

「驟」者，原謂馬疾步也，引伸為疾行。左傳成十八年：「杞伯於是驟朝於晉」。疏：

「驟是疾行之名。」故「驟雨」即是急速的大雨，如台灣的西北雨。

暴風吹不了一個早晨，急雨下不了一整天。是誰使之如此呢？人們不知，認爲那是天地使之如此。

3.天地尚不能久，而況於人乎？

惟道是永恆的，道生天地，天地進入現象界之後，也有成毀生死，天地尚不能長久永存，而何況於人生呢。

4.故從事於道者：道者同於道；德者同於德；失者同於失。

「從事」者，猶言治事也。此言治理於修道之事者，共分三種成就：一是修道有成者，深得道之應用，與道爲一，而合於道。一是資質次者，修道有得於心。如莊子天地所言：「居無思，行無慮，不藏是非美惡」也。再次者修道不成，而有所失。失道失德而有愆尤者。借佛家言，是六根不淨，沉淪無以自拔者。

5.同於道者，道亦樂得之；同於德者，德亦樂得之；同於失者，失亦樂得之。

「同」者，謂透過了自己的努力與修養，而能合於道、合於德、合於失者之群體。「樂得之」是樂於接納與包容。所謂與善人交，己則爲善人；與惡人交，己則爲惡人矣。

6.信不足焉，有不信焉。

「信」者，誠也。言其修道之心，如眞誠不夠篤實，必有不信實的結果。所謂誠信不足，則詐僞生。

河上公曰：「此言物類相歸、同聲相應，雲從龍、風從虎、水流濕、火就燥，自然之類也。」

語譯：

世人很少討論到自然現象。是故暴風吹不了一個早晨，急雨下不了一整天。這種現象是誰使之如此的呢？都說是天地吧！可是天地尚不永恆長久，更何況人生呢！所以我們從事於修道之人，上等者，與道爲一，而合於道；其次有德於心，無思無慮，不藏是非美惡，謹守此德；再次者，修道不成，失道失德，沉淪無以自拔。合於道者，與道爲一，道者亦接納他；修道有德於心者，德者亦與之融合，不遭排斥；修道有失，而有愆尤者，自是沉淪，所接無非失者。道心有欠眞誠者，自有不信實的後果在呀！

第二十四章　企者不立

企者不立，跨者不行。

自見者不明，

自是者不彰，

自伐者無功，

自矜者不長。
其於道也，曰：餘食贅行，
物或惡之，故有道者不處。

【釋　義】

1.企者不立，跨者不行。

「企」者，舉踵而望也。說文作：「舉踵也。」提起足跟，爲求增高以望遠。因著力點不穩，故不能久立。

「跨」者，闊步而行，即叉開兩腿，伸展兩股，加大步伐以求速行。實則兩股交替費力，不能久行與願相違。企者，跨者，皆不能持久。自此引出自見，自是，自伐，自矜等，事與願違，造成反效果的不明、不彰、無功、不長。

2.自見者不明，自是者不彰，自伐者無功，自矜者不長。

等句，參看二十二章解釋。

3.其於道也，曰：餘食贅行。

以上所謂自見、自是、自伐、自矜等，對於虛靜、謙樸、誠信的修道者而言，可說是餘食贅行。

「餘食」者，賸餘之食物，不需要者。

「贅行」者，謂無當之行爲。河上公注：「行之無當爲贅。」轉而爲惡行。

4.物或惡之，故有道者不處。

「物」指萬物而言，人亦居其中。「或」者不盡然也。蓋雖「道者」、「德者」惡之，然「失者」則或喜之，好之。

「不處」謂不居，不止也。

人物之中或有厭惡自見、自是、自伐、自矜者，然而有道德修養的人，是不會有此居心自處的。

語譯：

提起腳跟欲望遠者，站立不久。跨大步伐以求速進者、亦行之不久。所以喜好自我表現者，不能明見是非。自以爲是，頑固不化者，德行不彰。自誇其才能者，反無功績可言。妄自尊大者，難爲尊長。這些行爲對於修道者而言，都是多餘的食物，和不當的行爲。人們或許討厭這些惡行。所以有道德修養的人，是不會有此居心以自處的。

第二十五章 有物混成

有物混成，先天地生。
寂兮寥兮，
獨立而不改，周行而不殆，
可以為天下母。
吾不知其名，字之曰道，強為之名曰大。
大曰逝，逝曰遠，遠曰反。
故道大，天大，地大，王亦大。
域中有四大，而王居其一焉。
人法地、地法天、天法道、道法自然。

【釋 義】

1. 有物混成，先天地生。

「混成」，謂混沌中自然生成萬物，猶言自然也。王弼注：「不可得而知，而萬物由之以成，故曰混成也。」混然不知其所以然萬物由之而生成。此物在天地肇始之先，即已存在而生有。

2.寂兮寥兮，獨立而不改，周行而不殆。

「寂」，靜也，無聲也。「寥」，空虛，寂深也。寂寥謂寧靜空洞也。「獨立」，是不依賴外力，不受外界束縛，絕對而非相對的。「周行」，是周而復始的不斷運行。「殆」，借爲怠。

言此物寧靜空洞，絕對獨立，不受外界影響，一直從未改變，周而復始的運行不止不怠。

3.可以爲天下母。

可以稱之爲天下之母親，實則天下並非由其所生殖。而是依其「獨立而不改，周行而不殆」之功能，輔育天下萬物使之滋長，故有資格稱爲天下之母體。

4.吾不知其名，字之曰道，強爲之名曰大。

「道」言其理，「大」狀其體也。

我不知此物叫什麼名字。爲他用一個字，以爲表號，叫做道吧！勉強給他一個稱呼，叫做大好啦！

5.大曰逝、逝曰遠、遠曰反。

「大」至大無外，含時空無盡之大。「曰」語助詞，可用於句首或句中。詩豳風東山：「我東曰歸，我心而悲。」用作「遂」「則」之義。「逝」往也。見說文。又廣雅釋詁：

「逝，行也。」言道體不但大而且是化生不息的運作，周行不怠的往前推進。「遠」，說文：「遠，遼也。」爾雅釋詁：「遠，遐也。」王弼注：「遠，極也。周無所不窮極，不偏於一逝，故曰遠也。」一逝，謂一方面的運行。它是全方位的，不偏於一隅的延伸至無窮。這是言道之功能。「反」，復也，歸也。王弼注：「不隨於所適，其體獨立故曰反也。」一如前言之「歸根」、「復命」。「反」不是「始終若環」般的返回原點。如：無——有——生——老——病——死——無。時空不同。其中有進化義。此言道之變。

6.故道大，天大，地大，王亦大。

道至大無外故爲大，天無所不覆故爲大，地無所不載故爲大，聖王之道：「無偏無黨，王道蕩蕩；無黨無偏，王道平平；無反無側，王道正直。」（尚書洪範）故王亦大。

7.域中有四大，而王居其一焉。

「域中」指寰宇之內也。道、天、地、王四者。王居其一。蓋班爵、授祿、祭祀、養老，萬民賴之。人治之首也。

8.人法地，地法天，天法道，道法自然。

「法」字，王弼注：「法謂法則也。人不違地，乃得全安法地也。」是王弼將法解作不違，不違者順從也，亦有效法義。

「地」博厚容純，滋生萬物，承載萬物。人法之。

「天」高明虛靜，無妄無私，地法之。

「道」至誠至善，兼畜萬物，天法之。

「自然」聽任自化，順應演變，在方法方，在圓法圓，而道行之。

人是泛稱，可涵蓋王者。人何以不能直接法自然，乃因修道者必須循序漸進，蓋地、天、道自然，各有不同之效應。然自然並非道之外別有一自然，乃是聽任自化，本來如此，它只是一種境界、一種現象。修道者亦必須透過地之博厚容純，天之高明虛靜，道之至誠至善而能順應演變，聽任自化以獲正果。

語譯：

有物混然爲一，不可分辨。它在天地存在之前即已存有。此物寧靜空洞，是絕對的。從不受外力影響有所改變，周而復始運行不怠。它滋育萬物，有資格稱爲天下萬物之母。不知此物如何稱呼，用一個字爲其表號叫做道吧！勉強稱它叫大好了。大則是向前運行，遠至無所止境，它並非去而不回的，它是歸根復命，永遠在化生中反覆運作。所以道偉大，天偉大，地偉大，王亦偉大。在寰宇中有這四大，而聖王亦在其中。這也說明了修道者不違地之博厚容純，地要效法天的高明虛靜，天要效法道的至誠至善，而道要順應自然，聽任其自化、回歸於本然之我。

第二十六章 重爲輕根

重為輕根，靜為躁君。
是以聖人終日行，不離輜重。
雖有榮觀，燕處超然。
奈何萬乘之主，而以身輕天下。
輕則失本，躁則失君。

【釋義】

1.重爲輕根，靜爲躁君。

由於地心引力的關係，重者恒在下，輕者恒在上。在下爲根爲本，在上爲末爲梢。古人但知所以，而不知所以然。

「躁」者，急迫疾動不安。「君」爲主宰。躁則思路紊亂，是非不明，利害不分，處事易敗。而靜則能「觀照」，思路清晰，條理分明。靜足以制躁，故靜爲躁君。

2.是以聖人終日行，不離輜重。

「輜重」指行李，包括糧秣、材料、衣物等日用之所需，維生之物。焦竑注：「古者，吉行乘乘車，師行乘兵車，皆有輜車在後。輜車、衣車前後有蔽，所以載行者之衣食器械。以其累重，故稱輜重。」此亦猶言道之如輜車不可離也。

3. 雖有榮觀，燕處超然。

「榮觀」，河上公注：「榮觀、謂宮闕。」指富麗豪華之住所。「燕處」即燕居。禮仲尼燕居注：「退朝而處曰燕居。」謂日常生活起居。「超然」，謂不拘滯於一切外在物質之享受，而能超然於物外也。

此謂雖身居華麗之宮室，其自己之生活起居，均能超脫一切外在物質，而能平凡樸實渡日。

4. 奈何萬乘之主，而以身輕天下。

「萬乘」，孟子梁惠王：「萬乘之國，弒其君者，必千乘之家。」趙注：「萬乘，兵車萬乘，謂天子也。」此言如何一位擁有萬乘之國的天子，一身繫天下之安危，而漠視天下之易得，輕急躁進，不自重其身呢？

5. 輕則失本，躁則失君。

此即回應本章首句，而謂輕浮則失去重心之根本，急躁則失去主宰的寧靜。以總結本章。

語譯：

穩重是輕佻的根本，寧靜是急躁的主宰。所以聖人整天的旅行中，離不開生活必需的輜重——道。雖有華麗的居所享用，但他卻恬淡不拘滯於物外。如何以貴爲天子之尊者，卻輕急躁動不以天下爲重呢！這豈不是輕佻失卻穩重，躁動失卻寧靜的主宰嗎？

第二十七章　善行無轍迹

善行無轍迹，
善言無瑕謫，
善數不用籌策。
善閉無關楗，而不可開，
善結無繩約，而不可解。
是以聖人常善救人，故無棄人；
　常善救物，故無棄物。
是謂襲明。
故善人者，不善人之師，
　不善人者，善人之資。
不貴其師，不愛其資，雖智大迷，是謂要妙。

【釋義】

1. **善行無轍迹。**

「轍」是車輪行過的軌迹。「迹」亦作「跡」或「蹟」，痕跡也。王弼注：「順自然而行，不造不始，故物得至而無轍迹也。」河上公注：「善行道者，求之於身，不下堂、不出門，故無轍迹。」大家都解釋的太玄妙了。其實這句話很平易。善行即是行善，謂做善事不欲人知耳。出面做善事，留名題字植碑，都是留轍迹。

2. **善言無瑕讁。**

「瑕」是玉病。轉成瑕疵過失。「讁」，責也，過也，咎也。

善言者多爲規勸人的言語，至少也是樹立規範的銘言。如「嚴以克己、寬以待人」，「己所不欲，勿施於人」等皆是善言。「無瑕讁」即是勿爲人指責有缺點，或有不當。整句話的意思，是在規戒別人時，勿有不當言詞及語氣，令人起反感，發生反作用。不勸還好，勸了反而變本加厲。

3. **善數不用籌策。**

「籌策」，史記留侯世家：「高帝曰：運籌策帷帳中，決勝千里外，子房功也。」段玉裁云：「計謀曰籌策者，策猶籌，籌猶筭，筭所以計曆數，謀而得之，猶用筭而得之也。故曰筭、曰籌、曰策一也。」故籌策皆爲記數之碼。此謂完美的計數者，因明其理，知其法，熟能生巧，諳於訣竅，不須用籌碼之有形物記數，此暗諭修道者不著於形跡。

4. 善閉無關楗，而不可開。

「關楗」者，距門也，（見說文）。范應元老子集注：「楗，拒門木也，或從金傍非也。橫曰關，豎曰楗。」故關楗者即門閂也。

此句在表面上是說：「那完美的關閉門戶者，即使不用門楗，仍是無法打開的。」看來在現實社會中，似乎是不可能的事。然其關楗在於人心，視人心是否誠樸。古人有劃地爲牢者，劃個圓圈即是牢房，罪者不敢越雷池一步又何用關楗呢？見文選司馬遷報任少卿書：「故士有畫地爲牢，勢不可入，削木爲吏，議不可對，定計於鮮也。」

5. 善結無繩約，而不可解。

大者爲「索」，小者爲「繩」。「約」謂纏束也。

完美的用繩索捆束結連者，雖無繩索之纏束，仍不能解開。然繩索是有形之物，無不可解者。此言「繩約」乃是無形之繩索約束。古人講誠信，一言九鼎、不須立契約以爲束縛。一然一諾，誓必踐履。其間束縛之力，強過「繩約」而不可解也。此與上句同工而異曲也。

6. 是以聖人常善救人，故無棄人；常善救物，故無棄物。

如果「有救」「有棄」，即有所區分和選擇。聖人是以天地爲心，與萬物爲一。是要救所有的人，而無所棄；是要救所有的物，而無所遺。但老子並未明言，如何去救人救物。這要從前面所舉的五個例子中去追尋。老子是要用無轍迹的「善行」；無瑕讁的「善言」；無籌策的「善數」；無關楗的「善閉」；與無繩約的「善結」去救人去救物。這其間包括了自我言行之檢點，以及應接人物之運用。

7.是謂襲明，

「襲」者，繼承、和合、得到也。文選任昉之齊竟陵文宣王行狀：「今先遠戒期，龜謀襲吉。」呂延濟注：「襲吉謂得吉日也。」「襲明」者，得其聰明，即明通事理也。

8.故善人者，不善人之師。不善人者，善人之資。

善人者，修道有成之人。不善人並非惡人，乃是修道未果之人，此謂成道之人，教導修道未果之人，而為其師法。修道未果之人，乃是成道者教導的材質。也是救人救物的對象。

9.不貴其師，不愛其資，雖智大迷，是謂要妙。

「要妙」，謂精要微妙也，又作要眇。楚辭遠遊：「神要眇以淫放。」洪氏補注：「精微貌。」

此謂如不尊重成道者為其師，成道者亦不愛護修道未果之資材。雖有大聰明大智慧，亦會自迷自誤，不明事理，這就是大道精微奧妙之處。

語譯：

一個善於為善事者，行事不留一些痕跡。善於言說勸人的，不留任何瑕疵令人指責。完善於計數的，不需用任何籌碼。完美於關閉的，在於誠樸的內心，不用關楗禁錮也打不開。精美於結繩束縛的人，在於人心誠信，雖無繩索契約，也解不開。所以聖人常能善於救人，而無所棄置，常能善於救物，而無所遺漏。這就叫作眞正的明通事理。成道者是修道未果者的老師。修道未果者是成道者的教授材質。如果不尊重成道做老師，成道者亦不愛護這未成道者的質材。他雖有智慧，終必失道而入迷途。這就是大道精微奧妙之處。

第二十八章　知其雄守其雌

知其雄，守其雌，為天下谿。
為天下谿，常德不離，復歸於嬰兒。
知其白，守其黑，為天下式。
為天下式，常德不忒，復歸於無極。
知其榮，守其辱，為天下谷。
為天下谷，常德乃足，復歸於樸。
樸散則為器。
聖人用之，則為官長。
故大制不割。

【釋 義】

1.知其雄，守其雌，為天下谿。

河上公注：「雄以喻尊，雌以喻卑。人雖知自尊顯，當復守之以卑微。去雄之強梁，就雌之柔和。如是則天下歸之，如水流入深谿也。」又曰：「人能謙下如深谿，則德常在不復離於己。」

王弼注：「雄先之屬，雌後之屬也。知為天下先也必後也。是以聖人後其身而身先也。谿不求物，而物自歸之。」

雄與雌是相對的，一如陰陽。陽剛強而陰柔和。剛則易折且易招禍。故古人常言：「不作雄飛，而甘作雌伏。」

「知」是內心的明智。「守」是行為的約束。此言知剛強之易折易損，不如收斂其鋒芒而守之以柔弱。因柔弱勝剛強（三十六章）。「谿」者，亦作溪，澗也，又虛空也。皆言其能容納。因其深下，故物自歸之如水聚也。

2.為天下谿，常德不離，復歸於嬰兒。

王弼注：「嬰兒不用智，而合自然之智。」

由於其韜光柔和為天下所歸服。無以物亂官，無以官亂心。其德常在不離。歸眞返樸，一如嬰兒之純眞合於自然之道。

3.知其白，守其黑，爲天下式。

高亨等認爲：「自守其黑至知其榮共二十三字，爲後人所加。」然依帛書看來，至少是秦漢以前的事。故仍依其舊未刪。

「白」是明白、明亮。「黑」是混濁，黑暗。亦猶之榮辱。知白守黑即是大智若愚。

「式」，王弼注：「式，模式也。」河上公注：「可爲天下法式。」

莊子應帝王：「於事無與親，雕琢復朴，塊然獨以其形立，紛而封哉，一以是終。」這就是知白守黑爲天下式的功夫。

4.爲天下式，常德不忒，復歸於無極。

「忒」，變也、差也。易豫：「四時不忒。」

既能作爲天下修道者之法式。則其所得之於道，存之於心的常德，自不會改變有所差錯。

「無極」謂無涯際也，此二字係老子首先所提出。

嚴靈峰老子達解自序：「第二十八章云：『復歸於無極』，『復歸於樸』，無極就是樸，也就是自然，也就是第十四章所謂：『復歸於無物。』」是以「復歸於無極」即是「復歸於無物」也。

5.知其榮、守其辱，爲天下谷。

榮、辱是極端相斥之事。可是榮辱之加不在於己。且榮辱之判斷、也很難有其標準。環境、習俗、立場之不同、何者爲榮，何者爲辱，很難分辨。知其何者爲榮，何者爲辱，掩蔽鋒芒，以守其辱，則可以自保自安自全。辱者非自己有敗德亂行之辱。而是處謙恭居卑下也。

「爲天下谷」與「爲天下谿」同是處虛居卑也。

6.爲天下谷，常德乃足，復歸於樸。

「爲天下谷」，乃處虛居卑，才能容，才能納萬物，而爲天下所歸。「常德」是恆常得之於道，獲之於心，處虛居卑，不離不去，時加修持，生生不息，故乃足。終至復歸於本性之純樸而與道爲一。

7.樸散則爲器。

王弼注：「樸、眞也。眞，散則百行出，殊類生，若器也。聖人因其分散，故爲之立官長，以善爲師。不善爲資。移風易俗，復使歸於一也。」樸是一種渾沌質朴，乃狀道之原始狀態。就現實界而言，樸只是「原木」而已。「散」是用斧鋸解開。照字面上講，乃謂原木被分解之後，可以製成各種不同器物。但它另一含義是：純樸之道，發散於萬物，萬物得之，各發揮其不同之功能。唐甄尙樸：「樸者，天地之始氣，在物爲明，在時爲春，在人爲嬰孩，在國爲將興之侯。」此即所謂之器也。

8.聖人用之，則爲官長。

「聖人用之」，其中「之」字，有以爲指器而言，如王弼；有以爲指樸而言，如高亨、王淮、余培林等。實則旣非指樸，亦非指器，而是指「散」的過程與結果。因爲器的優劣好壞，都決定在樸之如何散和如何分解。分解不當，不但不能成器，而且會爲廢材。人有賢愚，有頑慧，資材有高低。聖人因材施教，而無所棄。使大材有大用，小材有小用，作之君、作之師。所以爲官長也。

9.故大制不割。

「制」即裁斷，淮南子主術訓：「猶巧工之制木也。」蔣錫昌注：「大制猶之大治。」制亦通製。

這句話是順著前面「爲器」「爲官長」而言。是謂當制作大的器物時，作爲長官者、應統一計劃、統一製作，不可局部分割。其間必須密切合作緊密連繫。「大器可以晚成」，但不成廢物。猶之於治大國，應事權統一，不可各自爲政，始可望治。

語譯：

知道雄的剛健，守著雌的柔和，這樣才可以如谿谷般、容納萬物。能容納天下萬物，其恆德不失，就可以回復到無欲純樸之境。知其光亮的一面，堅守暗玄的原則，可以爲天下人之模範。能如此則其恆德就不會有所差異，也就可以回歸到無物空虛的境地。知其榮耀，但能守住屈辱，可以爲天下人所歸依。能如此則其恆德才能充足，才能回歸於素樸無極之境界。原木裂解後，可製作很多器物，素樸之道散之於萬物，可以成爲不同的資材。聖人運用這散解的作用，而爲之君，爲之師。故大的制作，應統一計劃管理，是不容許局部分割的。

第二十九章 將欲取天下而爲之

將欲取天下而為之，吾見其不得已。
天下神器，不可為也。
為者敗之，執者失之。
故物或行或隨，或歔或吹，
或強或羸，或載或隳。
是以聖人去甚、去奢、去泰。

【釋 義】

1. **將欲取天下而爲之，吾見其不得已。**

「欲取」是主動的，而非被動的「禪讓」。故此處所指乃湯武之革命，而非舜禹之得天下。

「爲之」是改革，是去其前朝的暴政，而非已上軌道之國，其正常的治理。

「不得已」，是謂「本應以無事取天下」（五十七章），但在爲救人民於水深火熱之中，不能不有所作爲。故吾見到他有不得不爲之苦衷。

2. 天下神器，不可爲也。

「神器」者，王弼注：「神，無形無方也。器，合成也。無形以合，故謂之神器也。」而文選張衡東京賦：「巨猾閒釁，竊弄神器。」綜注：「神器，帝位也。」亦即政權也。古來迷信，以爲得天下者，是受天之命，政權帝位是天之所賜，故謂之神器。且自稱爲天之子，此言帝位政權，本應以無爲而治，是不可有爲而治也。

3. 爲者敗之，執之失之。

「爲者」是有所做者。「執之」是掌其權而有所行事也。皆所以斫傷自然純樸之民性，阻礙其生發也。王弼注：「萬物以自然爲性，故可因而不可爲也，可通而不可執也。物有常性，而造爲之，故必敗也。物有往來，而執之，故必失矣。」置刑律立權威，失其自然故敗。

4. 故物或行或隨。

「物」指萬物，人類亦在其中。「或行或隨」，「或」爲不定詞。謂有的可以作爲領袖，領導群倫，一齊前行。有的爲歸順的群衆部屬，在後尾隨，步趨而進。

5. 或歔或吹。

河上公注：「呴，溫也。吹，寒也。」緩緩吐氣以使溫暖曰歔；急速吐氣以使寒涼，謂之吹。呴、歔，噓皆通。

高亨注：「緩吐氣以溫物謂之噓，急吐氣以寒物，謂之吹，義正相反。」

此謂視天下之人民，如幼弱之嬰孩般，需人呵護。寒則暖之，熱則涼之。

6.或強或羸，

「羸」者，瘦弱也。人物有強弱剛柔之不同。言物性有異差也。

7.或載或隳。

「載」者，乘也。「隳」者，段玉裁謂墮之俗字。河上公注：「載，安也；隳，危也。」此謂人物之機遇不同，或有安乘者，或有尾墮者。以上四者，皆言物性有別。應各順其然而然，勿逆其性也。

8.是以聖人去甚、去奢、去泰。

此句是本章的結語。由首句「將欲取天下而爲之，吾見其不得已。」而引來。既是不得已而爲之。故聖人之治天下也，應去甚、去奢、去泰。此「去」字即是於不得已而爲之時，應有的行爲。

「甚」者，過也，極也。言其過度。「奢」者，侈也，誇大也。言其奢侈誇大。「泰」者，寬舒，寬縱也。論語子路：「君子泰而不驕。」言其安舒寬縱。是以聖人於治事時，應去除過份，不要奢華，不得舒縱他。

語譯：

要取得天下而治理時，我看那是有不得已的苦衷。因爲天下的政權皇位，本是無爲而治的。如特意設刑律以治理它，必遭失敗。如刻意掌控，亦必喪失政權，失去自然之本性。故事物中有領袖之才者的倡導，有佐助之才的尾隨。有如幼弱者需呵護寒暖。有剛強瘦弱之稟賦。有得意乘時，有失意墮落之不同際遇。是以聖人於其治事時，應不過份極端、不奢侈浮華、不寬縱放任始可。

第三十章　以道佐人主者

以道佐人主者，不以兵強天下，其事好還。
師之所處，荊棘生焉，
大軍之後，必有凶年。
善者果而已，不敢以取強。
果而勿矜，果而勿伐，果而勿驕。
果而不得已，果而勿強。
物壯則老。是謂不道，不道早已。

【釋　義】

1. 以道佐人主者，不以兵強天下，其事好還。

「好」者，容易也。如常言「好辦事」，「好通過」。

「還者」，償也，報復，報應也。

以道佐人主，是不拘臣僚之以道輔弼，或人主自己依道而行。重點是用道輔助人主處理國政。他不以強大兵力威服天下國家。蓋以兵威服天下，容易得到回報。

2.師之所處，荊棘生焉，大軍之後必有凶年。

這是「兵強天下」的回饋，報應結果。軍隊到處，田地廢耕，人民遠避，是以田野雜草荊棘橫生。

「大軍之後」謂大戰役之後。橫屍遍野，瘟疫隨之。自是田園荒蕪，路有殍屍，而有五穀不登之凶年。讀過李華的弔古戰場文以後，當有所感於斯也。

3.善者果而已，不敢以取強。

「善者」，謂善於用兵作戰者。「果」，王弼注：「果，猶濟也。」果亦成也勝也。「果而已」，只是獲得結果，達到勝利的目的就罷了。「不敢以取強」，謂不能以無限的增強自己實力，以強兵好戰為目的。

4.果而勿矜，果而勿伐，果而勿驕。

「矜」者，自賢，自尊大也。「伐」者，自誇其能也。「驕」者，得意、放縱、肆溢也。

戰爭目的已達，就不應該自尊、自誇，而放肆。

5. 果而不得已，果而勿強。

王弼注：「果，猶濟也。言善用師者趣以濟難而已，不以兵力取強於天下也。」又曰：「言用兵雖趣功果濟難，然時故不得已。當復用者，但當以除暴亂，不遂用果以爲強也。」這話說得很好，戰爭是不得已的手段。那已經違背了無爲之道，當戰爭目的已經達到，更不應嚐到果實的甜味，而窮兵黷武爲強大自己再戰不已。

6. 物壯則老，是謂不道，不道早已。

王弼注：「壯，武力暴興。喻以兵強於天下者也。飄風不終朝，驟雨不終日。故暴興，必不道早已也。」「早已」顧歡本作「不道早亡」。亡與已形近易誤，作亡爲佳。

「物壯則老」是宇宙間的自然現象。易乾象曰：「亢龍有悔，盈不可久也。」這是根據「不敢以取強」，以及「果而勿強」，說明這個自然定律和因果關係。「不道」即無道。謂如果「取強」「果而強」是乃無道之治。無道之國很快就要滅亡。

語譯：

以道輔佐人主治國時，不會以強大兵力對付天下國家。蓋戰爭容易得到報應。因爲凡軍隊所到之處，田園荒蕪，荊棘橫生。大戰役過後，隨之而來的是瘟疫饑荒的凶年。善於用兵作戰者，達到戰爭的目的就夠了。不能以強兵好戰爲目的。有了戰果，切不要自賢自誇和放肆自己。因爲以戰爭爲手段，獲得戰果，是不得已的事。故有了戰果，就不應該再窮兵黷武強大自己。要知道「物壯則老」的道理。否則那便是「無道」，無道的政權很快就會滅亡的。

第三十一章　夫佳兵者不祥之器

夫佳兵者，不祥之器，
物或惡之，故有道者不處。
君子居則貴左，用兵則貴右。
兵者不祥之器，非君子之器，
不得已而用之，恬淡為上。
勝而不美，而美之者，是樂殺人。
夫樂殺人者，則不可以得志於天下矣。
吉事尚左，凶事尚右。
偏將軍居左，上將軍居右，言以喪禮處之。
殺人之眾，以悲哀泣之，戰勝以喪禮處之。

【釋　義】

1. 夫佳兵者、不祥之器，物或惡之，故有道者不處。

本章至爲錯雜，意義亦較淺近。各種注本多有出入。且注文滲入甚多。如「言以喪禮處之」很像注文。故王淮先生認爲本章文句應爲：「兵者不祥之器，不得已而用之，恬淡爲上。勝而不美，而美之者，是樂殺人。夫樂殺人者，則不可以得志於天下矣。」其他皆應刪除。謹書此以供參考。然讀老子書者，不能不知其全文。故保留之並予淺釋。

「兵」者，械也。或謂戰士軍隊。「器」者，用具之總稱，謂器物也。「物」者，人物也。「或惡之」者，謂好戰喜功或嗜之，非皆惡之也。「處」者，處理運用也。

2.君子居則貴左，用兵則貴右

古者習俗以左爲尊，故君子居常貴左。兵者凶事也，故從喪禮尊右，以右爲貴。

3.兵者不祥之器，非君子之器，不得已而用之，恬淡爲上。

「不祥」言凶也。兵不厭詐，是君子所不取也。然爲保國衛土，不得已而用兵，仍以清靜安然不熱中爲上策。勿過於擴大戰果，而多所殺戮也。

4.勝而不美，而美之者，是樂殺人。夫樂殺人者，則不可以得志於天下矣。

戰爭是不得已之事。戰勝了也不是什麼美好光榮的事。因爲己方同樣也有傷亡和損失。如果讚美和頌揚戰爭，那就是殘酷的好殺者。這種嗜殺的人，是不可能得意於治理天下的。

5.吉事尚左，凶事尚右。偏將軍居左，上將軍居右，言以喪禮處之。

「吉事」者，祭祀冠娶之屬。「凶事」者，謂喪事及兵事也。吳越春秋：「兵者凶事，不可空試。」「兵」者既爲凶事，故如偏將軍之副將，當居左，下位也。上將軍猶今之參謀總長，居右之上位。如同喪禮般處理。

6.殺人之眾，以悲哀泣之，戰勝以喪禮處之。

「泣」，羅運賢說：「泣，當爲涖之訛。說文無涖字，蓋即竦也。」高亨以爲當作「立」。古「立」「莅」通用。「莅」者臨也。然而「泣」者，無聲出涕曰泣。或謂細聲哭。用泣字似較傳神。

語譯：

精兵美械，都是不祥之物。人們或有厭惡它的。所以有道之士是不用它的。君子日常生活中以左邊爲貴，而在用兵時，則以右爲尊。精兵美械不是吉祥之器物。也不是君子所用之器物。在不得已而用它時，仍以清靜不熱中爲上策。蓋戰爭勝利，並非美好之事，且自己也有傷亡。然以此頌揚而讚美它，便是個嗜殺的人。一個好殺的人，是不可能稱心得天下而治的。祭祀喜慶之事崇尚左邊，喪葬軍事貴重右邊。故做副將的偏將軍處於左邊，而上將軍則位於右邊。這說明了軍事是以喪禮處置的。所以殺了很多人的戰爭，我們應該以悲傷之心哀悼它。戰爭勝利之後，應以辦喪事的心去處理。

第三十二章 道常無名樸

道常無名樸，雖小，天下莫能臣也。
侯王若能守之，萬物將自賓。
天地相合，以降甘露，民莫之令而自均。
始制有名，名亦既有，夫亦將知止，知止可以不殆。
譬道之在天下，猶川谷之與江海。

【釋　義】

1. 道常無名樸，雖小，天下莫能臣也。

此文句歷來在斷句上甚爲紛歧。有作：

「道常無名樸。」

「道常無名，樸雖小。」

「道常無名，樸，雖小。」等，

不過本章重點是在說「道」，應該還有另一種斷句法；即：「道常無，名樸，雖小。」

謂道體恆常是無的狀態，所以稱它爲樸，它雖小……。

嚴靈峰試論注解老子的新觀念和新方法云：「道的原始狀態——樸，是能小能大的。小就是玄，大就是樸。」

文子道原篇：「道者，虛無。平易，清靜、柔弱、純粹、素樸，此五者道之形象也。」「雖小」，在淮南子原道訓：「夫道者……植而塞于天地，橫之而彌于四海。施之無窮而無所朝夕；舒之幎於六合，卷之不盈於一握。」道體可大可小。

又因其是「自本自根，未有天地自古以固存。神鬼神帝，生天生地。」（莊子大宗師）。故天下莫能臣。「臣」者，役使，降服也。

2.侯王若能守之，萬物將自賓。

「侯王」是指有土地而牧民者。「守之」，謂守此道。

「若」者，或有不能守者。不言聖王者，蓋聖王必能守之也。「賓」者，服也。爾雅釋詁疏云：「懷德而服也。」「萬物將自賓」，言天下萬物將自臣服而歸順爲賓屬。

3.天地相合，以降甘露，民莫之令而自均。

此爲舉例以明道用。天爲陽，地爲陰。地氣上升，天感而降雨，是陰陽之調和。「甘露」是指養育萬物之及時雨露，絕非造成災害之豪雨。「民」是泛指所承受之萬物。「均」言平徧，公平而普遍也。人民無法指令它，而其自已自然公平普遍降下。

4.始制有名，名亦既有，夫亦將知止，知止可以不殆。

王弼注：「始制，謂樸散始爲官長之時也。始立官長不可不立名分以定尊卑。故始制有名也。」

「制」謂規定，制定也。爲區別萬物，而開始制訂各種名稱，就有了高低貴賤之分。此刻即應該適可而知所節制。知其所當止，即不會有何危險發生。蓋名器濫觴就會引發爭端。

5.譬道之在天下，猶川谷之與江海。

此句是延伸本章前兩句而來。即譬如大道之在於天下，而天下莫能臣，故爲天下主。萬物將自賓，其猶川谷之水流向于江海般，臣服而歸順之。其間是自然而然的會聚，毫無外力之介入。

語譯：

道體是經常看不到的，所以稱之爲樸。它雖能縮小到一握，天下也無有能臣服它的。有土地人民之侯王，若能守此道，則萬物自能懷德而歸服於他。天地陰陽和合，而降下了養生的甘露，人們雖不能指揮它，而它自會降得普遍而均勻。在文明初現，開始制訂物名以爲區分時，名稱制訂了，就應該適時知所當止而止之。不要過度泛濫和貪婪。如此就不會有所危險發生。這譬如大道作用於天下，萬物臣服於它，猶若川谷之水，自然而流歸於大海一般。

第三十三章 知人者智

知人者智，自知者明。
勝人者有力，自勝者強。
知足者富。
強行者有志。
不失其所者久。
死而不亡者壽。

【釋義】

1. **知人者智，自知者明。**

「知人」是指知人的優劣才識以及人之隱私。自以爲見多識廣，自矜其智慧聰明。而能自知，見己之優劣嗜欲與善惡者，才是明白聰明的人。然世人多善於知人，而拙於知己。

釋憨山曰：「知人者謂能察賢愚，辨是非，司黜陟，明賞罰，指瑕摘疵，皆謂之智。……老子謂孔子曰：『聰明深察而近於死者，好議者也。博辯宏大而危其身者，好發人之惡也。

去子之恭矜與智能，則近之矣。』謂是故也。莊子云：「所謂見見者」，非謂見彼也，自見而已。所謂聞聞者，非謂聞彼也，自聞而已矣。能自見自聞，是所謂自知者。」

指瑕摘疵發人隱私，好議、博辯皆危其身，取死之道也。不若自見自聞以自知，剋此惡習，庶爲養生之道。

2. 勝人者有力，自勝者強。

無論戰爭或格鬥，都要靠戰力和膂力。但是強中自有強中手，沒有永遠勝人之強者。故勝人者，只是一時較力而勝，今日勝人，明日或即爲人所勝，甚而命亦不保，故勝人者非爲強者。自勝者能剋制自己的情慾，有決心有毅力去戒除自己不良嗜好，那才是眞正強者。

河上公注：「能勝人者不過以威力。人能自勝己情欲，則天下無有能與己爭者。故爲強。」

3. 知足者富。

廣廈三千，所寢者不過一席之地；庫有萬石，所食者不過三餐而已。不知足者是在求其餘也。其藉口乃謂爲兒孫儲也。實則兒孫自有兒孫福。且有餘必引人覬覦。常言道：「富不過三代。」內有不才兒之揮霍，外有強人之掠奪。豈能長保，反足招禍。人如年輕力壯，無不良嗜好。能克苦耐勞，放下身段，衣食溫飽不難求也。況我無餘，則人無掠奪之心，命亦可保；我無餘，親友無借貸之意，可以敦睦；我無餘，不必煩於籌策，身心健康。虛靜除欲，無所懸繫，德足即是富足也。

4. 強行者有志，

「強行者」是有毅力、有恆心，勉強自勵的去做。如戒毒，戒賭。能堅決地擺脫它，那才是有志之士。也是養生之道。

王弼注：「勤能行之，其志必獲。故曰強行者有志也。」

意志力量是靠自己的，別人幫不上忙，也無法相助。

5. 不失其所者久。

「不失其所者」，即是不失其所處。所處爲何？這就是儒家所說的的「君君、臣臣、父父、子子、夫夫、婦婦。」孟子滕文公：「使契爲司徒，教以人倫，父子有親，君臣有義，夫婦有別，長幼有序，朋友有信。」君臣用現代觀念來說，即是長官和部屬。這人倫關係，亦即是社會的基本架構。這種關係如若被破壞和喪失時，就會造成「君不君、臣不臣、父不父、子不子、夫不夫、婦不婦。」想想看那將是一個什麼樣的社會。子弑其父，婦毒其夫，部屬出賣長官。不能各盡其責，而失身所處之身份地位，這個國家能長治久安嗎？

6. 死而不亡者壽。

這一句文字，歷來未見到確切的解。不是言之深奧，即是說得太玄。甚而有以此作爲長生導引，吐納之依據。其實這句話，應從「死」與「亡」的分別說起。現代人常將「死亡」連用，故容易造成分辨上的困擾。

「死」是指生老病死的「死」。一個人的各種器官老化以至於衰竭而自然的結束生命，是謂「死」。

「亡」，依說文云：「亡者、失也。」如「亡羊補牢」的「亡」。是說本來是有的，現在卻失去了。故引伸爲死亡。而此處之「亡」字，應該解釋爲意外傷亡。也就是說，本來活得很好的，卻突然失去了生命。如自殺、災難，或他殺而死者。如此解說，這句話就容易解釋了。那即是說「人物的自然衰老而死，而不是中途意外傷亡，那才是人物的眞正壽命。」所以我們統計某一地區的平均壽命，是應該排除意外傷亡人數的。

如此解說，這一章才能全部連貫起來，而不被支離。本章的意思是說：「人們自然衰老的死，而非意外傷亡，才是人們眞正的壽命。爲保此生命以養生，不受意外傷害，要明白知人隱私是智慧，有自知之明才是聰明。逞強鬥狠靠力量，自己有毅力能剋制自己的欲念才是強者。知足即是富裕（有餘亦能招禍）。勉勵自己不失去立場和責任，即能保全養生。」

語譯：

知道別人是一種智慧，瞭解自己才是一個明白人。戰勝別人是要靠力量的，唯能戰勝自己剋制自己，才是眞正的強。知道滿足，心中必充滿富裕。能勉強端正自己的行爲，才是堅強有志者。不失去自己的立場和責任，就能使國家長治久安。所以自然的死，而非意外傷亡，那才是人們應有的壽命。

第三十四章 大道氾兮

大道氾兮，其可左右。
萬物恃之而生，而不辭。
功成不名有，衣養萬物而不為主。
常無欲，可名於小；
萬物歸焉而不為主，可名為大。
以其終不自為大，故能成其大。

【釋 義】

1. 大道氾兮，其可左右。

「氾」，廣雅釋詁：「氾，博也。」釋言：「氾，普也。」言廣博無拘束的狀態。「其」指大道。

大道廣博無拘無束，無時空之限制，它隨時都在我們左右身邊流行著。

2. 萬物恃之而生，而不辭。

「恃」，說文：「恃，仰賴也。」「辭」者，別去也。

道生萬物是順化，萬物仰道以衍生。既然「其可左右」故它從未離萬物而去。

3. 功成不名有，衣養萬物而不爲主。

道生天地萬物，其功至大。然道並不以此功自居。自稱有功。道非超然而上的創造天地及萬物、而是生天地萬之後，隨物之德與之爲一體，而共生共存。故其不辭。道雖衣養萬物，但非有意爲之只是任化。故亦不爲其宰。即歐陽修夫子罕言利命仁篇所謂：「衣被群生，贍足萬類」而已。

4. 常無欲，可名於小。

「欲」可解作欲望，欲求，需要等。

言道常處於無欲望，既不名有、亦不爲主，看似無需求的樣子。是以可能被人小看而輕視它，說它爲小道。

5. 萬物歸焉而不爲主，可爲名大。

「歸」是自然的趨向，而非在權威下的屈服。一如川谷之水流歸大海。這種感召之引力，雖有萬物之歸向，但並不主宰它們。如此可見其偉大。

6. 以其終不自爲大，故能成其大。

由於道始終不主宰萬物，雖萬物均仰賴之以爲生，亦不自以爲大，而自我驕大。故如此才能眞正成就了它的偉大。蓋大的成功是主觀的成就；大的名稱是客觀的獲得也。

語譯：

大道是無拘無束，廣博周行於我們的左右。萬物仰仗著它而生息不止。它卻從未離開過。它常處於無所需求的樣子。是以可能爲人所輕視稱爲小道。但萬物歸服於它，它卻任化而不主宰萬物。可見其偉大之處。由於它始終不自我驕大，所以才能眞正成就其偉大。

第三十五章　執大象

執大象，天下往。往而不害，安平太。樂與餌，過客止。道之出口，淡乎其無味，視之不足見，聽之不足聞，用之不足既。

【釋　義】

1. 執大象，天下往。

「執」是掌握，遵守。「象」是現象。是道之用，表現於生化混同萬物，與萬物共存的現象。前章既是說「可名爲大」，故此稱爲「大象」。它是無形的，我們只能從天地運行，萬物生化的運作現象上去感受到它。遵守著這生化的原理，天下萬物亦隨之自然運作而去。

2.往而不害，安平太。

「安」是安然處於也。「太」亦作泰。

言既與天下萬物生化運作而往，由於它們是各遂其生、各任其化。故自然無爲而無害。是以能安然處於平順康泰的境地。

3.樂與餌，過客止。

「樂」是歡樂，自然包括音樂、歌舞、女色。

「餌」本是指釣魚用之魚餌。引伸爲引誘及誘餌。

此言天地爲逆旅，萬物如過客。修道者不能把持道心，遇此歡樂之引誘、落入陷阱，即止而不前——亦就結束其旅程了。

4.道之出口，淡乎其無味。

此一「道」字，非大道之「道」。而是道說之「道」。

這種往而無害的大象，說出口來，實是平淡無奇，令人乏味也。

5.視之不足見、聽之不足聞。

它是如何「淡乎其無味」呢？因爲它是「無狀之狀，無物之象。」（十四章）故視之不見、聽之不聞。其平淡處即在此。

6. 用之不足既。

「既」者，盡也、卒也。見春秋桓三年：「日有食之既。」它雖是淡而無味，無狀無聲。但它的用處，卻是無窮無盡用之不竭的。

語譯：

遵守著這生化原理的大現象。天下萬物自然運作而去。在此過程中，它們是各遂其生、各適其境，無害的處於平安康泰中。但當歡樂引誘了它們，使得這些過客們中止了它們的行程。然而這往而不害的大象，說出口來，實在平淡無奇無味。因爲它們看不到聽不到。但它的用處卻是無窮無盡的。

第三十六章 將欲歙之

將欲歙之，必固張之。
將欲弱之，必固強之。
將欲廢之，必固興之。
將欲奪之，必固與之。

是謂微明。
柔弱勝剛強，
魚不可脫於淵。
國之利器不可以示人。

【釋　義】

1.將欲歙之，必固張之。

「歙」說文：「歙，縮鼻也。」通作噏，吸，收歛也。縮鼻亦歛氣納其息也。「固」者，姑且也，將也。國策秦策：「三年，城且拔矣。」固通姑也。

謂要吸收時，必將擴張容器所以納之。如鼻吸氣、肺必先擴張以納其息。是有容乃可以入。

2.將欲弱之，必固強之。

所謂強弩之末，勢不能穿魯縞者也，物極必反。日中則仄。故欲令其弱，必將強化之。

3.將欲廢之，必固興之。

「廢」者，止也，舍也。「興」者，起也。高亨云：「興當作舉。」舉亦興也，不傷文義。

解釋此句時，一般皆舉左傳中鄭伯克段的故事爲例。實則鄭伯對其弟純粹是縱容，以製造克之之口實。此若今日政壇上，總統如對某部長不滿，又未便即予撤換時，即將其升爲政院副院長，明升暗降，差強近似。

4. 將欲奪之，必固與之。

「奪」者，強取也。管子牧民篇：「故知予之、爲取者，政之寶也。」是管仲深諳其中三昧也。「與」通「予」。

5. 是謂微明。

「微」幽深也。禮學記：「微而臧。」又精妙也。荀子解嚴：「養一之微，榮矣而未知。」

「明」審也、顯也。國策齊策：「此不叛寡人明矣。」

「微」是自理言。蓋欲歙而張之、欲弱而強之，欲廢而興之，欲奪而與之。看似反其道而行之，實則暗合自然之理。其理精妙幽深，不易爲人所體會。

「明」是自其作用而言，效果明確，無可取代。是乃不可觀之以目，而應觀之以心之「反觀」之明也。

老子以此而被詬病爲權術家。實則這只是一種物理作用和政治手段。譬如刀劍，其本身並無任何善惡可言。然善人持之可以造福人群，爲國衛土，而惡人持之則爲非做歹，爲害人群。以善惡取決於使用者之居心。老子曾爲守藏吏。書讀多了，人情世故也看得太透徹了。遂以此告關令尹，以固其道心也。

6.柔弱勝剛強。

「勝」在此不是敗之對，戰必勝之勝。而是偏勝，優勝之義。如論語雍也：「質勝文則野」之勝。

此乃對以上四種所謂的術、得一結論。即柔弱要比剛強好。因爲柔弱有正面的發展空間，可以持久。而剛強到了極點，就要向負面的走回頭路，而趨於弱，不能持久永保剛強。且在時間上，柔亦能剋剛。

7.魚不可脫於淵。

此句是舉例而言。「淵」是深水，洄水也。管子度地：「出地而不流者會曰淵水。」魚離水則死。故魚深藏於淵水中而不脫離，即可免於網罟釣鉤之難，乃自保之道。

8.國之利器，不可以示人。

「利器」二字，歷來皆有不同的解釋，如王弼注：「利器，利國之器也。唯因物之性，不假刑以理物。器不可覩，而物各得其所。則國之利器也，示人者，任刑也。」河上公注：「利器，權道也。治國，權者可以示執事之臣也」。一以刑法言；一以權道言，且有以微明言者。

「利器」就字面上來看，可有二解：一爲鋒利之兵器，如發明之祕密武器。一舉可以勝敵，使無還手之力。如核彈等。一爲有利於國家之器物，換句話說即是不利於他國的器物。其包括甚廣，我們不妨回顧一下。凡是歛之、弱之、廢之、奪之、的一切有關計劃，策略和使用之工具與武備，都不可以令人知道和見到。應如魚不可脫於淵一般的深藏保密。平時表現得柔弱無害，一旦發動即可決勝千里之外。豈可示人預知！

語譯：

當要吸收時，必將擴張以容納它。要想削弱時，必將其加強，若要廢除時，將先振興它。欲擬奪取時，將先給予他。這是極精深玄妙的道理，其結果是那麼顯著。知道這些作用之後，就瞭解到柔弱是優於剛強的。況且魚兒爲免網罟之禍，尚不離深淵而藏起來。所以一切有利於國家的事物，是不可以令人看見知道的。

第三十七章　道常無爲

道常無為，而無不為。
侯王若能守之，萬物將自化。
化而欲作，吾將鎮之以無名之樸。
無名之樸，夫亦將無欲；
不欲以靜，天下將自定。

【釋 義】

1. 道常無爲，而無不爲。

就道體而言，虛靜、獨立，周徧，無形，無聲，恒常是無所作爲；然就其道用來說，道生天地萬物之後，即隨天地萬物共同運作，如日月迢遞、化生萬物、生生不息，花開花落，逝者如斯，不捨晝夜。故其無不有所爲也。

2. 侯王若能守之，萬物將自化。

「侯王」如前言，乃有土牧民者。「守之」是遵從不違的意思。侯王所守者，是守道體無爲之理，以發揮道用之無不爲。清靜自然，不害物，不擾民，則天下萬物將各遂其生，皆順其化矣。

3. 化而欲作、吾將鎮之以無名之樸。

道用的無不爲，是促進萬物生化，生生不息。沿著生老病死代代傳承下去。它是有著自然而然之規律的。如果王侯爲了滿足個人的欲求，在此生化過程中欲有所作爲時，那將不僅擾之，且足以害之。

「鎮」者，重也、壓也、安也。「樸」者于前十九、二十八、三十二等章均曾提到樸字，而於此文又提出所謂「無名之樸」，與前略有不同。文子十守守樸：「老子曰：所謂眞人者，性合乎道也。故有而若無，實而若虛。治其內不治其外。明白太素，無爲而復樸。」又莊子馬蹄：「同乎無知，其德不離。同乎無欲，是謂素樸。」所言之素樸，即是寧靜虛無，無欲的狀態。如其化而欲作，即將以此虛靜無欲，合於道而不離其德之無名之樸以鎮之。

4. 無名之樸，夫亦將無欲。

這無以名狀虛靜之樸，也要用無欲的心態去處理它。因爲有此用樸的慾念，亦是一種欲的興起。這是將「鎮之以無名之樸」的動作，又拉回到道之用上來。此即二十七章所謂「善行無轍跡」也，隨說隨掃，不留轍跡。眞乃「古之善爲道者，微妙玄通，深不可識。」（十五章）。

5. 不欲以靜，天下將自定。

「不欲」，即是「無欲」。無欲是要用靜虛才可使之不欲。蓋天下靜虛無欲，人民不見可欲，其心不亂，天下自將安定永享太平了。

語譯：

大道是恆常自然無爲，而其作用於天地萬物之間，又似無所不爲。如果侯王能遵守著這虛靜自然無爲的原則，則天下萬物將自然的化生不息，不受干擾。可是其間如侯王有私欲而要運作時，我將用無以名狀的樸，去安定他。而這個虛靜的無名之樸，也非有欲念的去作用。而是用靜虛以使之不欲。如此人不見可欲，心趨靜虛，天下自然安定下來。

第三十八章 上德不德

上德不德，是以有德；下德不失德，是以無德。
上德無為而無以為；下德為之而有以為。
上仁為之而無以為，
上義為之而有以為，
上禮為之而莫之應，則攘臂而扔之。
故失道而後德，失德而後仁，失仁而後義，失義而後禮。
夫禮者，忠信之薄，而亂之首。
前識者，道之華，而愚之始。
是以大丈夫處其厚，不居其薄，
處其實，不居其華。
故去彼取此。

【釋 義】

老子書共計八十一章。其一至三十七章爲上篇，專論道體。三十八至八十一章爲下篇。專論德，兼言道用。

1.上德不德，是以有德；下德不失德，是以無德。

上德一詞可有二義：一爲言君王之德，是以上德猶言上之德，上尊稱帝王也。一爲言至德，乃德修至極致也，後者格局較大。

河上公曰：「言其不以德教民，因循自然，養人性命，其德不見，故言不德也。」又曰：「不失德者，其德可見，其功可稱也。」此即以帝王之德而言。

實則道體如「月印千潭水」一般。融入天下萬物之中、天下萬物全盤接受，故謂之德。然道體虛無甯靜無爲，天下萬物無所感於所得，然其自然生化運作，功能顯著，實有所德，故上德者，無心於德，其德乃全。

老子將德分爲上下。甚而仁、義、禮亦如此分。（惟此處僅言其上，未及於下而已）。上德是道進入現象界，萬物得之於道時的臨界變化。其去道未遠，乃幾於道之德也，故謂上德。

「下德」是等而次之之德，去道漸遠。患得患失，努力欲保此德，以免失之，其得失乃見。故其欲念一起，即非自然。其德有虧，是如無德也。

2.上德無爲而無以爲；下德爲之而有以爲。

這是解釋上句中，上德何以有德，下德何以無德之故。上德乃承繼了道體虛靜無爲之性，抱樸無欲，故無用所爲。而下德則爲求不失德，盡力修己以守之。己有所爲。是乃有所以爲而爲之也。

3.上仁爲之而無以爲。

仁、義、禮是皆屬下德。故皆有「爲之」。然而仁者親也，親親爲大。親之愛之，是天性之本然。雖有所爲，乃無心爲之，是本性使之然。是無條件的、順乎自然。尚可一如上德般「無以爲」也。

4.上義爲之而有以爲。

「義」者、宜也。言正當之行爲。這是表現於外的。既有所宜、其必有所不宜，去其不宜而取其宜。是故「有以爲」也。

5.上禮爲之而莫之應，則攘臂而扔之。

「攘臂」即奮臂，猛然伸出手臂來。

「扔之」是牽引，拉過去（行禮）

「禮」是人與人之間的應對、進退、升降，揖讓之規範。是外在加於人身的約束。多半帶有強制性。不如此即不足以合乎禮。故於別人不禮敬不行禮時，斥之亦不應，即伸出手臂來，強行拉去行禮。

6. 故失道而後德，失德而後仁，失仁而後義，失義而後禮。

這幾句話，是說明失道以後，每下愈況的層次。其所含的褒貶義並不大。蓋「失道」而後德」，乃道散，融於天下萬物之中，使之各有所德，是自然而然的，並非壞事。而老子特別不滿的，當是最後的「禮」。因禮是有時間性、地域性、習慣性的。不合乎此，即殭化了。

7. 夫禮者，忠信之薄，而亂之首。

河上公曰：「言禮廢本治末，忠信日以衰薄。」又曰：「禮者，賤質而貴文。故正直日以少，邪亂日以生。」

王弼曰：「夫禮也所始，首於忠信不篤。通簡不陽，責備於表，夫仁義發於內。爲之猶僞。況務外飾而可久乎？故夫禮者，忠信之簿，而亂之首也。」

禮是待人接物，行爲的規範。是一種外在的文飾。惟有誠敬於內，發之於外，自然合節。如心有憤疾，而懾於對方權勢，不得不於行爲上禮敬之。甚而深藏禍心，欲置對方於死地。亂起蕭牆，何來忠信之有。然忠信非薄也，而是禮使之不忠不信，遂日見澆薄，故禮乃禍亂之源也。

8. 前識者，道之華，愚之始。

王弼注：「前識者，前人而識也。即下德之倫也。竭其聰明以爲前識，役其智力以營庶事。」

王淮謂：「前識謂智燭幾先，聰明智巧之所爲也。」

「前識」二字一般均解作智，而「識」者，記也通作誌。如論語述而：「默而識之。」故「前識」意謂前面所記者。即指自「故失道而後德」至「而亂之首」而言。

「道之華」，是道之文采畫飾、虛浮的外表。

「愚」是不智昏昧。

此謂前面所記載者，乃是大道的表面文飾，人們也因此對大道開始昏昧無知了。

9.是以大丈夫處其厚，不居其薄；處其實，不居其華。故去彼取此。

「大丈夫」泛指有志氣之男子。此處指有志於修道之人。「薄」是指下德中，依次而降之仁、義、禮。惟禮爲最薄。「實」是忠信於內，純厚之樸。「華」是禮的繁文縟節。「彼」指薄華，「此」指厚實也。

是故有志於修道之士，守其道德之厚，不居於禮義之薄。守忠信之樸，不居繁縟之華。所以要去其薄與華，而取其厚與實。

語譯：

德修至極致者，不認爲自己有德，才是眞正有德之人。而下德之人患得患失，以求德，反而無德。至德之人虛靜自持，無意有爲，故順其自然而無所爲。下德之人，有欲念爲之，有目的爲之，故有所以爲。有至仁之人，因其愛心及於物而有所作爲。然此愛心乃天性之本然，無條件的順應自然而然，故看來無以爲。至義之人，其義行，不但是有所作爲，而且是有目的的有以爲。至禮之人，禮儀本是行爲上的規範。如別人不禮敬、命之亦不回應，便要伸出手臂，拉住他強制行禮。在這種漸次每下愈況時，失去道只好守德；失去德只好守仁，失去仁只好守義，失去義只有求之於禮了。然而禮只是行爲外在的表現，而非出於內心的忠誠和信實。忠信之德已是薄弱了。這也是造成禍亂的根源呀！前面所記的是道的虛浮文飾的外表，也是對大道昏昧無知的開始和造因。所以有志於修道之士，要守著道德之厚，不居禮義之薄，要守忠信之實，不居繁文縟節之華，故要去薄與華，而取厚與實也。

第三十九章 昔之得一者

昔之得一者：

天得一以清，地得一以寧，神得一以靈，谷得一以盈，

萬物得一以生，侯王得一以為天下貞。

其致之：

天無以清將恐裂，地無以寧將恐發，

神無以靈將恐歇，谷無以盈將恐竭，

萬物無以生將恐滅，侯王無以貴高將恐蹶。

故貴以賤為本，高以下為基。
是以侯王自謂孤寡不穀，
此非以賤為本邪？非乎？
故致數與無與，
不欲琭琭如玉、珞珞如石。

【釋義】

1.昔之得一者，

「昔」是往昔、古昔、從前，指的是天地初判之時。

「一」是萬物始生之「始」見四十二章「道生一，一生二，二生三，三生萬物。」王弼注：「昔，始也。一，數之始，而物之極也。」亦有人以爲道之別名。但既謂之「得一者」，即是道進入現象界。就天地萬物的立場而言，得此一者即是「德」。既然一即是德，所以本章仍是繼前章而言德，何以老子要用一來表德呢？這是老子要進一步去說明德的含義。也就是說萬物到底從道哪裡得到了些什麼？

道生天地萬物，而「一」是道所生，又是物之極，數之始。所以不妨給予這個一，另一個新的說詞，那就是「一是道生天地萬物時，所賦予的生生之氣的精。天地萬物得此精氣，才能化生不息」。這就是天地萬物之德。以下是言天地萬物，得此「一」之後的效果和作用。

2.天得一以清，

清是渾濁的反面，天地初判，氣清者上升爲天，氣濁者下降爲地。天得此生生之氣的精，是以日月迢遞、風雲變化，氣象清明也。

3.地得一以寧，

「寧」是安寧，而不是靜止。是均衡而不是偏頗。高處日漸風化而變低。漥處風塵日漸塡平。給予萬物一個適合生長寧靜的空間。默默的滋養萬物，毫無紛擾。使它們各遂其生的發展。破壞此一均衡，大地就不得寧。

4.神得一以靈。

「神」之一詞可分兩方面而言：一是指神靈造化。一是指內心的精神。

說苑修文篇：「神者天地之本、而爲萬物之始也。」又易觀：「觀天之神道，而四時不忒，聖人以神道設教，而天下服矣。」疏：「神道者，微妙無方，理不可知，目不可見，不知所以然而然，謂之神道。」這是就神靈造化言。

荀子勸學篇：「積善成德，而神明自得，聖心備焉」又管子內業篇：「形不正、德不來，中不靜、心不治。正形攝德，天仁地義，則淫然而自至，神明之極：照乎知萬物，中守不忒；不以物亂官，不以官亂心，是謂中得。」此是就內心精神而言。

再者左傳僖公五年：「鬼神非人實親，惟德是依……如是，則非德民不和，神不享矣。神所憑依將在德矣。」

一即德，得此虛靜誠樸之德，神明自得，神道自靈。

「靈者」神之精明者稱靈，或謂應驗也。

5. 谷得一以盈。

「谷」爲兩山間的水道。「盈」是充滿。山谷可隔絕一切外界之侵擾。氣候自成一體。谷得此生生之精氣，滿谷生氣蓬勃，生物因之茂密充盈。

6. 萬物得一以生

此一是得自道德之厚，又具忠信誠樸之實。萬物得此生生之氣的精，在寧靜厚實的好環境下，自然生生不息，化生繁衍。

7. 侯王得一以爲天下貞。

「貞」者，正也。禮文王世子：「萬國以貞。」又新書道術：「言行抱一謂之貞。」是貞有堅一、固定之義。

此謂有地牧民之侯王，得此生生之精氣，言行有原則，意志堅定，可作爲天下治國之正途。

8. 其致之

此三字，有人以爲應連上文，爲其結語。有人以爲古注滲入宜刪。這裡是從高亨先生之說，應連下文。他說：「按，致猶推也，推而言之如下文也。」禮大學：「致知在格物。」朱注：『推極吾之知識。』但它也有「招致」的意思。見周禮秋官小司寇：「以致萬物名而詢焉。」

此謂它能招致到以下之後果。

9.天無以清將恐裂

此「以」字與前面之「以」有所不同。前面的以字通而字，此處的以字當「此」言。即謂「天無此清」。見禮射義引詩：「凡以庶士，小大莫處。」

天若無此虛靜之清，則運行混亂，日月星辰軌跡交叉，將彼此碰撞裂毀。

10.地無以寧將恐發。

「發」、莊子集釋，「發，司馬作廢，發廢古同聲通用字」，此處發廢二義皆可通。

「發」猶言發作或發動。禮樂記：「陽而不散，陰而不密，剛氣不怒，柔氣不攝，四暢交於中而發作於外。」這是「和」的發作。如果「化不時，則不生。男女無辨則亂生。」又「天地之道，寒暑不時則疾，風雨不節則饑。」（禮樂記）。這就是不安寧不均衡的發作。萬物失去了寧靜生息的自然。更甚者，地震、洪水、土石流、火山爆發、地殼變動，都是無以寧的後果。

11.神無以靈將恐歇。

「歇」者，息也，止也。也就是不靈。神之靈在驗，心之靈在明。無此一之虛靜，神則無以為靈，且息止無用矣。

12.谷無以盈將恐竭。

「竭」是盡也，衰竭乾枯之義。谷無以盈，即是得不到一的虛靜生生之精氣，萬物無生意，故而衰竭也。

13.萬物無以生將恐滅。

萬物得一以生，失一而滅。此沖虛寧靜生生之精氣，非由服食丹藥而得，它是一種自然的生機、生息已斷，恐將滅絕。

14.侯王無以貴高將恐蹶。

侯王之貴高是由「為天下貞」而來。因其能貞故而貴高。有人以為「貴高」二字，應配合前言，改為「貞」才對。如果改為「侯王無以貞」，則與下面「恐蹶」二字似乎不太連貫。蓋「蹶」是顛仆摔倒的意思。此指政權被顛覆，王位由高而摔落言。

15.故貴以賤為本，高以下為基。

這句話仍是在申論「一」的。只不過將「一」引入現實的現象界中。蓋「一，數之始，而物之極也」。「道生一」，亦是萬物始生之始，萬事之基。貴不能一蹴而成，高不能一躍而至。是必由下而上，自「一」做起。

16.是以侯王自謂孤寡不穀，此非以賤為本邪？非乎？

「孤」乃侯王之謙稱。禮玉藻：「凡自稱，小國之君曰孤。」謙稱孤獨無助也。

「寡」，古諸侯之謙稱。禮曲禮：「諸侯見天子曰臣某侯某，其與民言自稱曰寡人。」

疏：「寡人者，言已是寡德之人。」

「不穀」亦王侯自稱之謙辭。爾雅釋詁：「穀，善也。」不穀猶言不善。蓋穀是養人之物，言我不能如穀之養人，以自謙也。又「不穀」亦是「僕」的合音。

「邪」是語助詞，用於驚歎感歎。同也字。這就是自謙以下為基，進入群衆中，與臣民一體的親和作用，非如此無以能成其貴成其高也。

17. 故致數輿無輿。

王弼本作「故致數輿無輿」，司馬光等人從之。河上公輿作車。高延第、高亨、范應元等皆主張作「譽」並引莊子至樂篇：「故曰至樂無樂，至譽無譽」爲證。其實二者皆指名利，不改字，依王弼本亦可有解。

「輿」，指車輛。又爲古代對一種奴隸或差役的稱謂。左傳昭公七年：「皀臣輿，輿臣隸。」孔穎達疏引服虔曰：「輿，衆也。佐皀舉衆事也。」

此亦承上文孤寡不穀之意。乃謂雖由貴高而能招致一些車輛僕役奴隸，但不如剋此欲念，去此名利之心。

18. 不欲琭琭如玉，珞珞如石

「琭琭」是指玉的外表美觀。

「珞珞」，河上公作「落落」。晏子春秋內篇問下：「堅哉石乎落落。」又後漢書馮衍傳：「不碌碌如玉，落落如石」，珞珞是指石的堅硬外表。

河上公注：「琭琭喻少，落落喻多。玉少故見貴，石多故見賤。言不欲如玉爲人所貴，如石爲人所賤，當處其中。」此是莊子山水篇：「周將處乎材與不材之間」的說法。不若王弼所注：「玉石琭琭珞珞，體盡於形，故不欲也。」蓋琭琭珞珞皆物之華，老子要「處其實，不居其華。」（三十八章）故皆不欲也。

語譯：

在從前所有得此「一」的如：天得一之後，可以表現出它的清明。地得一之後，可以呈現它的安寧。神得一之後，才能精明靈應。谷得一之後，才能充斥生氣繁茂。萬物得一之後，才能化生繁衍。侯王得一之後，可以爲天下治國之規範。由於這個一的影響，造成了天如無清明將會崩裂。地無安寧將發生災變。神如不靈則將息止無用。谷無充盈則將衰竭枯萎。萬物無此生機則將滅絕。侯王無此貴高之地位，恐將顚覆下台。所以貴應以賤爲根本，高應以下爲基礎。是以侯王謙虛的自稱孤獨寡德，不能轂養百姓。這不就是以賤爲根本嗎？難道不是？所以能招致一些僕役來差遣，不若去此欲求沒有僕役才對。因此我不要如玉之美，如石之堅，那些浮華的外表。而要抱一處樸呀！

第四十章　反者道之動

反者，道之動。
弱者，道之用。
天下萬物生於有，
有生於無。

【釋　義】

1.反者道之動。

道體是靜的，道用是動的。道體是絕對，但道用卻是相對的。「反」是老子觀察了宇宙間的一切現象後，所提出的特有作用。「反」字，張起鈞先生認爲有三種意義：「一是返。二是發展到反面。三是相反相成。」而王弼注：「高以下爲基，貴以賤爲本，有以無爲用，此其反也。動皆知其所無，則物通矣。故曰：『反者道之動。』」

宇宙間沒有永恆的正，也沒有永遠的反。從正到反是演變，從反到正是歸根，以至於靜。這種動作又叫做「復命」（十六章）。因反而成就其正，反復的在運動中，似乎沒有中止過。

2.弱者道之用。

「弱」是老子在人生自處中，所體察到的一個訣竅。也是處事的一種規律。一種運用。它常和柔字連用如：「柔弱勝剛強。」（三十六章）。「柔弱至上」（七十六章）。弱的代表如嬰兒、赤子、下、後、沖、嗇、損、雌、靜等。在專制的帝王時代，兵荒馬亂，弱肉強食。老子也給予弱者，一個生存下去的希望和鼓勵。也壓抑下去強者的一些氣焰。若依「反者道之動」的原理來說，將來弱者也可以變爲強者。不過老子也提醒大家，知道這個道理就是「明」，能依之而行稱「習常」，行而守之不違謂「襲明」，如此才能「不殆」。

3.天下萬物生於有，有生於無。

王弼注：「天下之物，皆以有爲主。有之所始，以無爲本，將欲全有，必反於無也。」

「道生一、一生二、二生三、三生萬物。」（四十三章）道名曰夷曰希曰微，是無狀之狀，無物之象。（十四章）道是有物混成（二十五章），其中有象，其中有物，其中有精，其中有信（二十一章）。可見得道是有與無，形而上的混合體。及至道生一而進入現象界的有，才是「有名萬物之母」（第一章）。所以「有無相生」（第二章）或稱之爲無有相生。故「無」是萬物之始原。由無而生有，由有而生天下萬物。但此「無」絕非一般認爲是「虛空」的「無」，而是不可名狀之無。

語譯：

由正到反，反復循環，就是道的演變作用。堅守柔弱是道的運用。所以天下萬物雖都是由有而生成，可是有卻是由無演化而來的，將來也會再回到無去。

第四十一章 上士聞道

上士聞道，勤而行之；
中士聞道，若存若亡；
下士聞道，大笑之。
不笑，不足以為道。
故建言有之：
明道若昧，進道若退，夷道若纇。
上德若谷，大白若辱，廣德若不足，建德若偷。
質真若渝，大方無隅，大器晚成，大音希聲，
大象無形，道隱無名。
夫唯道，善貸且成。

【釋　義】

1. 上士聞道勤而行之。

「士」爲研究學問的讀書人。古代書爲竹簡，既笨重而價昂。是以受教育乃貴族之專利。雖經強權兼併，小國滅亡。貴族沒落，散於民間。但讀書受教育者，究爲少數。而老子又將此少數讀書人，區分爲上中下三部分。在此金字塔式的讀書人社會中，「上士」是最會讀書的。可說是少數中的少數。他們聽聞聖道之後，能身體力行，實踐體驗，勤修不輟。是屬於眞正明道者。

2. 中士聞道若存若亡。

「中士」謂中等之士，其次等之讀書人。由於書少難覓善本，師少難見賢良。知其然而不知其所以然。思維難成體系，似懂非懂。恍惚見道，故若存若亡。

3. 下士聞道大笑之，不笑不足以爲道。

「下士」乃等而下之之讀書人。只識得皮相。欲念薰心。一切衡之以利害。有利則趨，無利則捨。故當他們見到了老子所說：

爲道日損，損之又損，以至於無爲。（四十八章）

塞其兌，閉其門，終身不勤。（五十二章）

爲而不恃，功成而不處，其不欲見賢。（七十七章）

不敢爲天下先。（六十七章）

甚愛必大費，多藏必厚亡（四十四章）等等。

這些都與世俗精神相反，不符其所求，故下士笑之。蘇轍有云：「今夫世俗貴勇敢，尚廣大，夸進銳。而吾之所寶則慈忍、儉約、廉退，此三者皆世俗之所謂不肖也。」淺陋之人，見道之虛玄，不見利欲。故其不笑不足以見道之眞諦可貴也。

4. 故建言有之，

「建」者，說文曰：「立朝律也。」故王弼注：「建，猶立也。」是以建言猶格言也。故謂格言有以下諸說：

5. 明道若昧。

王弼注：「光而不耀。」

釋憨山曰：「小人用智，恃智以爲能。聖人光而不耀。以有智而不用，故明道若昧。」

這是大智若愚，「大巧若拙」（四十五章）「知者不言，言者不知。」（五十六）之意。

6. 進道若退。

王弼注：「後其身而身先，外其身而身存。」

呂吉甫云：「爲道者日損，損之又損之，以至於無爲。是之謂進道若退。」

在經驗中，譬如臨帖練習毛筆字。在臨摹一段時間之後，感到自己的毛筆字，愈寫愈難看。還不如未臨摩以前的字好看。事實上你現在已有進步了。原因是你已放棄或打破了你過去，積習養成的壞筆法。已慢慢吻合字帖上的筆法了。這時候你的字，是四不像。既不像你原來的筆法，也還未到達字帖上的筆法。此刻如能堅持下去，繼續下工夫，一定有大成就。這就是「進道若退」，就怕中途放手，則前功盡棄也。

7. 夷道若類。

「夷」是平坦，平易。「類」者，說文：「類，絲節也。」即絲打結，不平順。與夷正相反。聖道本來平易可行，可是一般世俗之人，如下士者聞而大笑之。以其反世俗無益於己身。且個人嗜欲難捨、難耐靜虛。故如絲之結節，行之不順。是以老子有感而曰：「大道甚夷，則民好徑」（五十三章）。

8. 上德若谷，

河上公注：「上德之人若深谷，不恥垢濁也。」

王弼注：「不德其德，無所懷也。」

上德不德，上德之人沖虛謙卑，虛懷忍辱，爲後不爲先，故能虛懷若谷，能容天下難容之事。若谷之容納百川然。

9. 大白若辱，

河上公注：「大潔白之人，若污辱不自彰顯。」

王弼注：「知其白，守其黑，大白然後乃得。」

「大白」是至爲純潔之白，是指內心清明，節操之潔白言，而非指顏色。「辱」是外在的皮相之污。人可見者。雖若身受其辱，而其內心清明節操之白，終能大白於天下。如文天祥之死節即是。

10.廣德若不足

王弼注：「廣德不盈，廓然無形，不可滿也。」

「廣」宜作動詞「推廣」義。至德之修，永遠不能滿足，應日日增益之，精益求精，不以小成而自滿。

11.建德若偷。

「建」是建立建樹。「偷」是澆薄。見禮表記：「安肆日偷。」亦有苟且之義。如論語泰伯：「則民不偷。」

建樹德性以至於至德。其外表看來，仍似澆薄苟且懶散之不足。此亦「爲道日損，損之又損，以至於無爲。」（四十八章）之義。厚德之人，處世似若無德之人。

12.質眞若渝，

「質」者，實也，誠信也。左傳昭公十六年：「與蠻子之無質也，使然丹誘戎蠻子嘉殺之。」杜預注：「質、信也。」

「眞」依高亨說：「蓋老子原書，德字悉作悳，後人改作德。此句誤作眞或直。不然，亦必改作德矣！」謂「眞」即德之古字悳之誤。其實不必改亦有解，不如仍之。

「渝」者，爾雅釋言注：「謂變易。」又左傳桓公元年：「盟曰：渝盟無享國。」是以有違背，改變等義。

此謂眞實的誠信，有時好像背信改變了的樣子。此可用一段故事來作說明。唯不記得出處。

「某甲遠出行商，託某乙照拂其妻女。某甲走後，某乙從未至甲門。甲妻女生活日漸窮困，甚而三餐不繼。一日忽有一人來甲宅。言欲請人代作手工藝，並願爲之教導，且收購其成品。於是母女賴以爲生，日夜忙碌。除所費外，尚有積蓄。三年後甲返。責乙有負所託。乙遂導甲至其宅內室，但見堆滿其妻女所做之工藝品。乙遂爲之解說。謂母女飽食終日，無所事事，必生事端。且謂已與之男女有別，未便日常走動。故如此可令其神有所託，心無旁騖耳。甲重謝乙而去。」此眞誠信也。

13. 大方無隅，

王弼注：「方而不割，故無隅也。」此是就物而言。

「大方」者，猶大地也。淮南子俶眞訓：「是故能戴大員（圓）者履大方。」地大無方隅可見。

「隅」者，方角也。以廉隅喻人之品行方正也。

河上公注：「大方正之人，無委曲廉隅。」此就人而言。

又莊子秋水篇：「吾長見笑於大方之家。」成玄英疏：「方猶道也。」

此謂得道之人，無個人之性格。能容人納物，隨物而化，無私情也。

14. 大器晚成，

此常用來指有大才幹之人，往往成名較晚。「器」本是指器物用具。不妨轉變為大的目標，大的工程，大的架構，是需要日積月累，慢慢的不求速進。慢工出細活。此亦謂修道之士，應具毅力，持以之恆，乃有所成。

15. 大音希聲。

「音」說文：「聲生於心，有節於外謂之音。宮、商、角、徵、羽、聲也，絲、竹、金、石、匏、土、革、木、音也。」

「希」者，十四章云：「耳之不聞名曰希。」

王弼注：「聽之不聞名曰希。不可得聞之音也。有聲則有分，有分則不宮而商矣。分則不能統衆，故有聲者非大音也。」

蓋「大音」者，乃大道之音也。大道之音不可得而聞也，不可以音聲求之。須內心之體察，於靜虛中識之。

16. 大象無形，

王弼注：「有形則有分，有分者則不溫則炎，不炎則寒。故象而形者，非大象也。」

大象是大道融入天地萬物之中，與之共化的作用。是以只見其功，未見其所以成，逾乎視覺，故不能以形象求得。

17. 道隱無名，

大道視之不見，聽之不聞，搏之不得，恍惚無物。故道隱不現。

「無名」，無名則不受名之局限。既無以名其形狀，亦無法加以描述。

18. 夫唯道善貸且成，

「貸」者，有借入、借出、推卸、責無旁貸之義。

王弼注：「貸之非唯供其乏而已。一貸之，則足以永終其德。故曰善貸也。成之不如機匠之裁。無物而不濟其形，故曰善成。」

大道分別融入天地萬物之中，此即自然生化之原理。看似大道將此生生之精氣貸將出去，公平無偏的分配，而且永不回收。且助其直至生長完成。無怨無悔，不恃不有，故曰善貸善成。

語譯：

上等讀書人，聽了「道」。勤奮的去踐履。中等的讀書人，聽了「道」，由於一知半解，缺乏體察，認知恍惚，似眞非眞。下等讀書人，由於所見淺陋，又自逞聰明。故聽了「道」，則大笑其不可行。相反的如果他不笑，反而顯不出大道的玄奧。所以有些格言，是這麼說：

眞正明瞭大道的人，大智若愚。看起來像昧然無知一般。

進修正道時，有時感到像退步般。那實際就是有所得了。應再接再勵。

平順的大道，本來易得。但如不放棄嗜欲，就如崎嶇山路，難於行進了。

具有至上德行的人，就應沖虛謙卑，虛懷若谷般。
節操高潔之人，似若負羞辱之行，常處污穢之中。
推廣自己的德行，似乎永不感到滿足。
德行有所建樹時，看起來像是澆薄無德之人。
眞實的誠信，有時似乎像背叛一般。
大方之家，行事似乎沒有稜角，不具成見圓融匯通。
製作大器物，大工程。曠日費時。須慢中求精，終有所成。
大道的福音，不可由音聲求得。
大化之象，無法見諸有形。
大道隱密，恍惚無以名狀。
就因爲大道能犧牲奉獻，善於分融萬物，成己成物，可謂善貸善成的功能。

第四十二章　道生一

道生一，一生二，二生三，三生萬物。
萬物負陰而抱陽，沖氣以為和。

人之所惡，唯孤寡不穀，而王公以為稱。
故物或損之而益，或益之而損。
人之所教，我亦教之；
強梁者不得其死，
吾將以為教父。

【釋　義】

1. 道生一

道生一的「生」，並非如母體產子般的「生」。也並非道生一之後，道與一亦各自獨立，一如母子般。所以這個「生」只是演化而已。是一不離道，道不棄一的。

那麼「一」又是什麼呢？「一」是道進入現象界的一個臨界物。乃是大一本元之義。關尹子二柱：「先想乎一元之氣，具乎一物。執愛之以合彼之形，冥觀之以合彼之理。則象存焉。」又禮禮運：「夫禮必本於大一。」疏：「謂天地未分，混沌之元氣也。」「一」是道演化而來，是可感的，可抱的一團氣。

2. 一生二，

由這一團混沌的氣，化生爲陰陽，進而成雄雌二體。這是由絕對的而演變成相對的。

3. 二生三，

這個「三」字，我們不必要，硬找一些東西來湊夠三的數目。其實日常俗語中時有：「不要一而再，再而三的犯錯」或是「禮不過三」等說法。所以這個「三」在此有兩個意義：一是言其多的意思，一是綿延不止的演化下去。是由於陰陽沖氣以爲和，雌雄的結合，無盡止的生殖繁衍。

4. 三生萬物。

「三」的衍生，不但數量多，而且物種亦多。包括了各種動植生物。故能化生萬物，使各遂其生的化育下去，這亦是由一而二、而三、而萬物的過程。

5. 萬物負陰而抱陽。

這句話是指萬物生命的肇始，始生的源頭。動物之雌性者，受精懷胎而後生育之。植物則經種植，其種子外層吸收水份、供給營養，使核心發育漸形抽芽成長。就陽來說，是「負陰」爲陰所託養。以陰來說，是受精「抱陽」以化育之。

6. 沖氣以爲和，

「沖」是淡泊虛靜。「和」是調和、溫和、不剛不柔之和。

此是由上句「負陰抱陽」而來。言彼此應虛靜淡泊，如和風煦日般的調和，加意呵護。無暴風淫雨之加。

7. 人之所惡，唯孤寡不轂，而王公以爲稱。

王公以孤寡不轂爲稱，亦所以淡泊謙虛，以卑下自處也。參見三十九章。

8. 故物或損之而益，或益之而損。

河上公注：「引之不得，推之必還。」又謂：「夫增高者崩，貪富者致患。」

此是自然界的一些物理現象。例如植樹欲求棟樑之材時，不可使生横枝。有則伐之，欲其所以直立也。此損之而益。灌田施肥，過量則苗枯。此是益之而損也。總以視其所需，適度爲宜。

9. 人之所敎，我亦敎之。強梁者不得其死，吾將以爲敎父。

「人之所教，我亦教之」，謂前人已有所教導之言，今我亦從而教之。「強梁者」謂剛暴之人。「不得其死」即不得善終死於病榻之上。剛暴之人多横死也。「教父」者，父同甫，始也。故河上公注：「父，始也。」教父猶言教戒的開始。

語譯：

道的化生，是先演變成一團混沌的氣。由此一氣而化爲陰陽。由陰陽調和而繁衍不息、遂化生多種物質，因而產生萬物。萬物都是外負陰體，內抱陽精，由沖虛謙和調化而開始有了生命。人們所厭惡的是孤獨、寡少、不能生養。可是王公卻以此謙虛的稱呼自己。以求卑下而融和於群衆中。故在現象界，事物的變化中，也許損傷它，乃是對它有利，增益它反而傷害了它。前人所教導的名言，我也拿來教導人們吧！那就是「剛暴的人都得不到好的下場。」我將以此首先來教導天下之人。

第四十三章 天下之至柔

天下之至柔，馳騁天下之至堅。無有入無間。吾是以知無為之有益。不言之教，無為之益，天下希及之。

【釋 義】

1. 天下之至柔，馳騁天下之至堅。

「至柔」，河上公注：「至柔者水，至堅金石，水能貫堅入剛，無所不通。」王弼注則曰：「氣無所不入，水無所不（出於）經。」老子於七十八章明言：「天下莫柔弱於水。」故應以水喻至柔爲當。

「馳騁」，猶言馬急速奔走，即馳馬也。考工記輈人：「終日馳騁。」故馳騁只是謂從上面順利快速經過，而非貫堅入剛，無所不入。

「至堅」者，即是堅不可破。不容易隨便分割或間離，如能貫穿或滲入，即不能稱爲至堅。現象界差強以金石作喻。

這句話的意思是：「天下最柔弱的水，可以在崎嶇不平的堅石上奔馳。」水可以流過山谷、石溪。雖河床崎嶇有巨石阻礙，亦能順利流過去。這顯示出水的柔性。

2.無有入無間，

嚴可均曰：「傅奕，淮南子作『出於無有，入於無間。』」

劉師培曰：「淮南子道訓引作『出於無有，入於無間』，此老子古本也。王本亦有『出於』二字。王弼上文注云：『氣無所不入，水無所不出於經』，注文『無所不出於經』，當作『無所不經』與上『無所不入』對立。『出於』二字必『無有』上之正文。蓋王本亦作『出於無有，入於無間』，而『出於』二字誤入注文也。」劉先生的這段話，深爲可靠。河上公注：「無有謂道也，道無形質，故能出入無間，通神群生也。」既然以「無有」是指道而言，「無有」二字謂道，實不若「出於無有」來言道更爲妥切。蓋道自無而有而生萬物，它是融合於萬物之中，故可入於無間，亦可入於至堅。比水更深一層。

3.吾是以知無爲之有益。

此是總結以上水之馳騁與道入無間而言。

王弼注：「虛無柔弱，無所不通。無有不可窮，至柔不可折，以此推之，故知無爲之有益也。」

虛無言道，柔弱謂水。水之馳騁，勢也。道入無間，化也。皆出於無爲而無不爲，其用有無窮之益。

4.不言之教，無爲之益，天下希及之。

「不言之教」是由上而下的教化，爲王侯者內謙虛無欲，外清靜自然。無刑措，無繁賦。萬物各遂其生，各順其化，天下皆自定自安，此種好處，很少有人做到。

語譯：

天下最柔弱的東西，可以超越奔馳在崎嶇最堅硬的東西之上。沒有形體的道，都可以穿越無間隙的至堅金石。因是我們知道了無爲的好處。這種清靜自然「不言之教」，無爲的利益，是天下人很少能做得到的。

第四十四章　名與身孰親

名與身孰親？

身與貨孰多？

得與亡孰病？

是故甚愛必大費，多藏必厚亡。

知足不辱，知止不殆，可以長久。

【釋 義】

1.名與身孰親？

王弼注：「尙名好高，其身必疏。」

「名」是指聲譽和名望。莊子駢拇：「士則以身殉名。」士人不惜犧牲生命以求名。然而「名」只是虛名，乃身外之物，身亡徒具虛名何益？二者相較，身親於名也。

2.身與貨孰多？

「多」在此處不可作「少之反，衆也」解釋。見史記高祖紀：「某之業所就，孰與仲多？」段玉裁曰：「多者勝少者，故引伸爲勝之偁。」此言身體與財貨，誰勝過誰？

3.得與亡孰病？

「得」是獲得，擁有。「亡」是失去，「病」是指傷害言，如言病國病民即是。表面上看來，失去當然較獲得受傷害。下面的答案是「多藏必厚亡」。多藏即是多得，結果是得要較亡傷害爲大。因爲無得即無亡矣！

4.是故甚愛必大費，多藏必厚亡。

王弼曰：「甚愛不與物通，多藏不與物散。求之者多，攻之者衆。爲物所病，故大費厚亡也。」

「甚愛」即愛之甚，愛之切，思欲獨佔。其所費之金錢與時間，精神與勞力、亦必甚多。

此所謂物累；而役於物也。既然儲存的多，而人欲得者衆。一旦不保，其亡失者亦必多。如李清照金石錄後序所云：「何得之艱而失之易也？嗚呼！……三十四年之間，憂患得失，何其多也？然有有必有無，有聚必有散，乃理之常。」讀之當有感於斯也。

5. 知足不辱、知止不殆，可以長久。

河上公注：「知足之人絕利去欲，不辱於身。知可止則財利不累身，聲色不亂於耳目、則身不危殆也。」又曰：「人能知止足，則福祿在已。治身者神不勞，治國者民不擾，故可長久。」

知足即能知止。這需靠個人修養而來。然世人有幾個能知足知止呢？不知足，故多取分外，掠奪他人，受辱已是餘事；不知止，則行過分，不爲人留餘地。人求自保、定行反彈，豈有不殆者耶？能知足，能知止，在國可以長治久安，在已可以長生久住，得其天年矣！

語譯：

名聲和己身，那個最親近？身體與財貨，那個優先？獲得與亡失，那個有傷害？所以太過於愛有，則所費的錢財與精力亦必多。而且儲藏的愈多，其損失的也必多。所以知道滿足，就不會受到外來的羞辱。能知道適可而止，便不會有什麼意外危險發生。如此就可以國泰民安，長生久住了。

第四十五章　大成若缺

大成若缺，其用不弊；
大盈若沖，其用不窮。
大直若屈，
大巧若拙，
大辯若訥。
躁勝寒，靜勝熱，清靜為天下正。

【釋　義】

1.大成若缺，其用不弊；

古書中「大成」有解：

其一謂成德。成者樂之一終。言孔子集三聖（漢書董仲舒傳謂：堯、舜、禹爲三聖）之事而爲一大聖之事。猶作樂者集衆音之小成而爲一大成也。故今稱孔子爲大成至聖先師故也。

其二謂學成，禮學記：「九年知類通達，強立而不反謂之大成。」

「弊」者，破舊不堪適用也。

是以大成者乃謂學德修至極者。「缺」與「成」相反，乃有所缺失；有所不完備。內修有成外若有缺。以此道處世，則其用歷久彌新，永不破敗也。

2. 大盈若沖，其用不窮。

王弼注：「大盈充足，隨物而與，無所愛矜，故若沖也。」

「盈」者，器滿也。凡充滿皆曰盈。「沖」者，沖虛然非眞空。是所謂「沖氣以爲和」。蓋天地間充滿萬物，其能和平相處，各遂其生。在人則能謙恭虛己以自持，其應世之用，有無窮之妙。

3. 大直若屈，

「直」者，不曲、不斜、不偏。「直其正也」（易坤），本章皆以言德性，故此「直」字不當以物之曲直言。

荀子不苟：「身之所長，上雖不知，不以悖君；身之所短，上雖不知，不以取賞。長短不飾，以情自竭。若是則可謂直士矣。」王先謙集解引郝懿行曰：「情、實也；竭，舉也。言短長皆以實偁說，不加文飾，所以爲直士也。」

「屈」者，曲也，屈抑不伸也。

此謂至爲正直之人，剛健中正之體，內方外圓，能通權達變，處世不傷廉惠，行藏自含中庸，處煩雜而主張不靡，是以若屈。

4.大巧若拙，

「巧」者，一則指技巧、技藝。一則指內心靈巧、聰慧。此處非指「巧故」（虛僞欺詐）而言。

河上公注：「大巧多才術也，如拙者，亦不敢見其能。」

王弼注：「大巧因自然以成器，不造爲異端，故若拙也。」

至巧之人能「巧奪天工」，順乎自然，不造做，不特立獨行，守質樸不炫其所能，故視之若拙。

5.大辯若訥，

「大辯」者，謂辯才無礙，巧於言辯，所以爭是非。

「訥」者，言難也，木訥也。論語里仁：「君子欲訥於言，而敏於行。」「若訥」言其實實在在，因物而言，不作花言巧語也。

老子七十三章：「不言而善應。」莊子齊物論：「大辯不言。」王弼注：「大辯因物而言，已無所造，故若訥也。」

6.躁勝寒，靜勝熱，清靜爲天下正。

王弼注：「躁罷然後勝寒，靜無爲以勝熱，以此推之，則清靜爲天下正也。靜則全物之眞，躁則犯物之性，故惟清靜乃得如上諸大也。」

「躁」者，動也、擾也。運動能克服寒冷。但躁急亦易亂方寸、失理智；甯靜能驅除暑熱，且令人神清安祥能辨是非，故清靜無爲可作天下正當之準則。

語譯：

至大的成就，好像有所缺失般，其處世之用，歷久彌新，而不破敗。最大的盈滿，如空虛般。然其應世之作用，永無窮盡。至大的正直，如受委曲般，至大的技巧，看似笨拙。最大的辯才，猶若木訥難言。躁動可以克制寒冷，甯靜能驅除暑熱。所以清靜乃是天下正當的準則。

第四十六章　天下有道

天下有道，卻走馬以糞；

天下無道，戎馬生於郊。

罪莫大於可欲；

禍莫大於不知足；

咎莫大於欲得。

故知足之足，常足矣。

【釋　義】

1.天下有道，卻走馬以糞。

「有道」，謂政治清明，君臣賢良。反之則是「無道」。

「卻走馬」，卻，是停止退後。走，釋名曰：「徐行曰步，疾行曰趨，疾趨曰走。」故走在古代爲奔跑。「走馬」應倒爲馬走。所以「卻走馬」謂不用騎馬去奔波。

「以」作用來講。「糞」指糞田、糞治。即用馬拉車載水肥以灌溉田畝。而非以馬糞去肥田。古代並非家家有馬，亦非一般人家養得起馬。而且一兩匹馬的糞便也不夠肥田的。馬是有錢人家，或官宦人家所能飼養。故在其致仕退休時，還要「賣馬散伎」呢！是以本句應釋爲：當天下政治清明時，都不用騎馬奔波了，而是用馬載糞施肥於田畝。

2.天下無道，戎馬生於郊。

「戎馬」即軍馬，謂軍中所用之馬，其來源部分爲國有，部分由民間大戶徵調而來。

「郊」，邑之外曰郊，即野外，亦有指戰場之義。

天下的政治混亂，國君昏庸，戰爭頻仍。戰馬也只有在野外戰地生產了。

3.罪莫大於可欲；

「可欲」，謂稱人心意的欲求。也就是想要什麼就要得到什麼。

罪孽之大莫大於想要什麼，就極力的要得到什麼以求稱心滿足。這也是罪孽的肇端。

4. 禍莫大於不知足；

欲壑難塡，人不知足，見獵心喜，即欲得之，要知可欲之物，人人欲得。如欲據爲己有、其間勢必涉及損人利己爭奪樹敵。追求愈多，樹敵愈衆，焉能不禍生旦夕。

5. 咎莫大於欲得。

「咎」是災病。書大禹謨：「天降之咎」。又謂愆過也。詩小雅伐木：「微我有咎。」最大的災難和過失，莫大於見得喜歡的就想得到它。欲得，即是不知足。此是加重語氣以明前言。

6. 故知足之足，常足矣！

「知足」即是無欲。不見所欲，故不欲得。少思寡欲，就在於修知足之足。能知足無欲無爲而持之以恆。故可以恆常滿足。不耗精神，不大費，不厚亡。故能常保此知足之足，此亦養生之道也。

語譯：

當政治清明，君臣賢良時，人們安居不用騎馬奔波，而用馬去施肥糞田。當天下政治混亂，戰爭連年時，軍馬有時就在郊野生產。所以罪過沒有比見到可愛的就想要。禍患也沒有比不知足更大。眞是一切災難過失，莫不比欲求所得更大呀！是以知道滿足的「足」，那才是恆常的滿足哩。

第四十七章　不出戶知天下

不出戶，知天下；
不闚牖，見天道。
其出彌遠，其知彌少。
是以聖人不行而知，不見而名，不為而成。

【釋　義】

1. 不出戶知天下。

能夠「不出戶，知天下」，實非一般人所能及。必是修道養性到達某一程度之後的效應。本章最後一句，已點出「是以聖人……」，可見得這是成德幾於道的聖者，才能做得到。然而「戶」不可作實物解。亦不是「秀才不出門，能知天下事。」這個「戶」是老子暗示成德之聖者，與道爲一，融於道中。一如置身戶中。「不出戶」謂不離於道，故能知天下萬物生生之情。

2. 不闚牖見天道。

「闚」同窺。從小孔，縫隙或隱僻處向外察看。

「牖」即窗子。

此句與前句略同。謂不需從道體以外去窺探，即能知天道自然運作之理。一是見情，一是知理。

3.其出彌遠，其知彌少。

「出」是指「出戶」，「闚牖」而言。

中庸云：「道也者，不可須臾離也，可離，非道也。」離道愈遠，人性愈失，故其所知天道天理亦愈少。

孟子離婁上亦云：「道在邇而求諸遠，事在易而求諸難」是也。

4.是以聖人，不行而知，不見而名，不爲而成。

王弼注：「得物之致，故雖不行而慮可知也；識物之宗，故雖不見而是非之理可得而名也；明物之性，因之而已，故雖不爲而使之成矣。」

此句是總結上文而言。「不行」即「不出戶」而離道。善體道心，故能知萬物生化之情。「不見」即「不闚牖」，不離道外求，即能以生生之理，指稱名物。「不爲」即虛靜任化，使萬物各自生息成長，不加干預。這其間更要有省察盡性的功夫。

語譯：

不出門戶，即能知天下萬物生長之情，不看窗外即能見到天道自然運行之理，其離道走得愈遠，所知反而愈少。所以聖人是不離道外行，即能知物情，不必看見了即可指稱物象。無意作爲，即能使萬物任化各自生成。

第四十八章　爲學日益

為學日益，為道日損。損之又損，以至於無為。無為而無不為。取天下常以無事，及其有事，不足以取天下。

【釋　義】

1. 爲學日益，爲道日損。

這句話的重心，在「爲道日損」，而前面的「爲學日益」只是舉例相對而言。勿以老子說過：「絕學無憂」（二十二章）就將「爲學」作負面看。其實它只是陪襯「爲道」而已，一言其「益」，一言其「損」。要知「爲道」也是需要「學」的。「爲學」是求學問，日積月累，溫故而知新。所以「學」是日日增益其所不能的。而「爲道」則是在「見素抱樸，少私寡慾」（十九章）。「去甚、去奢，去泰」（二十九章）。日日在減損其欲得的心。

2. 損之又損，以至於無爲。

釋憨山曰：「初以智去情，可謂損矣，情忘則智亦泯，故又損。如此則心境兩忘，私欲淨盡，可至於無爲。」

「損」不是一次就可以損得乾淨的，那必需要有層次去損：

(1)首先不見「可欲」的誘惑。這是以情剋欲。

(2)其見欲而不動心，這是以智制欲。

(3)滅盡一切「欲念」，使心歸於虛無寧靜，這是以道去欲。如此才能達到無爲的最高境界。這種功夫，是需要長時間的修養和培植的。即所謂「栽培心上地，涵養性中天」是也。

3. 無爲而無不爲。

王弼注：「有爲則有所失，故無爲乃無所不爲也。」

當達到見素抱樸，虛無甯靜的無爲時，這才能融於道，化於德，與天地萬物爲一；而與遷移、同其運作。各遂其生息豢養，一切歸之於自然變化。而自然萬能，無事不可爲。春生夏長秋收冬藏，萬物率性任道，化治於無形，故我雖無爲，而實無不爲也。

4. 取天下常以無事，及其有事，不足以取天下。

「取」者，收而有之也。見孟子離婁下：「可以取，可以無取，取傷廉。」

收而有之即「得」也。得天下常以無事，並非眞的空閒無事可做。乃是正常運作，循例而行。亦即王弼所說：「動常因也。」也就是順物自然，因勢利導，不故興事端勞民傷財。否則如爲私欲去干擾百姓。則田園荒蕪，國困民貧，天下不但不足以取，尙恐失民，衆叛親離哩。

語譯：

爲學的目的，是在日日增益其所不能。修道的涵養是在日日減損其人欲。欲念之減損，要一步步減損了再減損，以達到無爲的境界。自然無爲，能與天地萬物爲一，各得其所，各遂其生。可說是無所不能爲。得到天下後，應以循例運作，順應自然。如若故興事端，失去民心，亦不能取得天下了。

第四十九章　聖人無常心

聖人無常心，以百姓心為心。
善者，吾善之，
不善者，吾亦善之，德善。
信者，吾信之，

不信者，吾亦信之，德信。
聖人在天下，歙歙為天下渾其心。
百姓皆注其耳目，
聖人皆孩之。

【釋義】

1. **聖人無常心，以百姓心爲心。**

「常心」者，謂日常自我意識的心。因爲聖人無爲，「動常因也」。其善體天心，與物爲一。深知百姓之需求，故能以百姓心爲心，是以能取天下也。

2. **善者，吾善之；不善者，吾亦善之，德善。**

善與不善是比較而得。其標準亦難以訂定。如強予擬定，即是有爲。且立場不同亦難判斷。這是聖人以百姓心爲心的表現。即不拘其善與不善，吾皆善之。所謂「善之」，即善以待之。至於如何善待之，那即是用「德善」。「德善」是以德行善予感化之。是所謂「德厚流光」（穀梁僖十五年）也。

3. **信者，吾信之；不信者，吾亦信之，德信。**

孟子盡心下：「善人也，信人也。」又曰：「可欲之謂善，有諸己之謂信。」是在儒家，信人即善人。說實在的，人們愈是不相信別人，那造假，強人爲之信的伎倆，愈是層出不窮。

「信」者、實也。不拘信實與不信實，吾皆信之。那是用「德信」行之。所謂「德信」即是居心以德，對人以實，提昇其道德心，不藏是非美惡，以德化其信用。

4.聖人在天下，歙歙爲天下渾其心。

「歙歙」者，王弼注：「歙歙焉，心無所主也。」即無所偏執貌。「渾者」，混同也。王弼注：「意無所適莫也。」

然「歙」同「翕」和洽也。漢書韓延壽傳：「勞謝令丞以下，引見尉薦，郡中歙然。」此謂聖人於取得天下之後，與天下人和洽相處，無所偏執。無常心，與天下之心渾同，百姓之心即是我心。

5.百姓皆注其耳目，聖人皆孩之。

「注」者，是專注於某一點上。如注目、注意等。

「孩」者，於二十章中有：「如嬰兒之未孩。」可見孩是比嬰兒較大的孩童，他已懂得爲己。北齊書樊遜傳：「明罰以糾諸侯，申恩以孩百姓。」即是。

此言百姓皆注重其耳聞目見之事，自作聰明，因應以利己，而聖人皆施恩德以孩童待之。蓋孩童幼稚，目之所見不辨善惡，耳之所聞不別是非。聖人亦如之，兼容並包，聖人不以聰明智巧治國，循道之自然，順民心以無爲而治，使民無所效也。

語譯：

聖人沒有日常自我意識的心。他是以百姓的心意爲自己的心意，故而善良的人，他會善待之；不善良的人，他同樣的善待他們。這是以恩德善化之。信實的人，他相信他們，不信實的人，他也相信他們，那是提升道德心以德化其信用。聖人處天下時，無所偏執，和洽的與天下人之心相混同。百姓都用耳聞目見，自以為聰明，而聖人則以孩童般對待他們，兼容並包，恩德同申，因循無為。

第五十章 出生入死

出生入死。

生之徒十有三，

死之徒十有三，

人之生，動之死地、亦十有三。

夫何以故？以其生生之厚。

蓋聞善攝生者，

陸行不遇兕虎，

入軍不被甲兵。

兕無所投其角，

虎無所措其爪，
兵無所容其刃。
夫何故？以其無死地。

【釋 義】

1.出生入死。

河上公注：「出生謂情欲出無內，魂走魄靜，故生也；入死謂情欲入於腦臆，精神勞惑故死。」

韓非解老曰：「人始於生，而卒於死。始之謂出，卒之謂入。故曰出生入死。」蔣錫昌曰：「此言人出於世爲生，入於地爲死。」

諸家說法不同，其實「出生入死」可有二說：

其一、謂出入死亡之門，瀕臨死亡邊沿。冒險犯難，不惜犧牲生命，如「戰爭中槍林彈雨，浴血而戰，出生入死保衛國土」。

其二，謂生物由無而有，生於世間，經老病而死，融於大化之中，與萬物同消息。

此言生物之生至死的歷程，乃老子之本意也。

2.生之徒十有三，死之徒十有三。

「徒」者，指徒衆，衆屬，同類之人。如孟子盡心上：「孳孳爲善者，舜之徒也。」

「生之徒」謂能生活正常，無不良嗜欲。不自傷其生，而能盡其天年者，這一類的人，約佔十分之三。

「死之徒」謂不知愛惜生命，嗜欲無窮，生活不正常，或意外傷亡，中道夭折者，此類人亦佔十分之三。

3. 人之生，動之死地，亦十有三。

「動之死地」，動指行爲舉動，此謂由於其作爲而導致死亡者，此種人本意是愛惜生命，加意保護其生命，養護其生命，但方法過當、適得其反，而加速其死亡者，亦佔十分之三。其原因何在？以其「生生之厚」也。

「生生之厚」，前面生字是動詞，謂養生。後一生字爲名詞，謂生命。是說養生過於厚重，如營養太好，造成糖尿病；脂肪過多，造生脂肪心；膽固醇過高，造成痛風等。生活中雖時刻注意保健，無如不得其法，而趨向死亡者。以過度求養生之故。

4. 蓋聞善攝生者。

「蓋」者，推原傳疑之詞。如史記項羽本紀：「舜目蓋重瞳子。」

「攝生」，謂養生，保養身體。河上公注：「攝，養也。」此謂傳聞很會養生的人。

5. 陸行不遇兕虎，入軍不被甲兵。

「兕」，爾雅釋獸：「兕似牛。」郭注：「一角，青色，重千斤。」爲古代如犀牛一類之動物。現僅存其石骸與圖像。

「被」謂遭，受。如被害等。

這裡應注意的是「不遇」與「不被」二詞。兕虎是無理性可言，見人就吃。然不遇則何害之有。軍中是有紀律的。不攖其鋒，與之敵，是以無傷。並非此人有特異功能也。孟子盡心上曾說：「是故知命者，不立乎巖牆之下。」蓋能趨吉避凶也。

6.兕無所投其角，虎無所措其爪，兵無所容其刃，夫何故？以其無死地。

莊子秋水篇有一段頗與此類似的文章，莊子書云：「北海若曰：知道者必達於理；達於理者必明於權；明於權者不以物害己。至德者，火弗能熱，水弗能溺，寒暑弗能害，禽獸弗能賊。非謂其薄之也，言察乎安危，寧於禍福，謹於去就，莫之能害也。」這即是論語泰伯篇所謂：「危邦不入，亂邦不居。」與孟子所說：「不立乎巖牆之下。」同樣的道理。

兕無所刺其角，虎無所置其爪，軍人無所容受其兵刃。是何緣故呢？乃是由於他能「察乎安危，寧於禍福，謹於去就」沒有致死的環境，就沒有走到必死的地步。

語譯：

由出生而至隨化入於死地的過程中，正常維繫生命。得其天年者，佔十分之三；不愛惜生命，而致夭亡者，也佔十分之三，而在生活中無傷生之意，其行爲卻驅使走向死亡者，亦佔十分之三。那是什麼原故呢？那乃是他養生過於厚重，營養太好的關係。傳聞很會養生的人，在陸地行走，不會遇到像野牛般的兕和老虎。在軍中不會受到兵器的加害。他們使兕無法用角刺到，老虎無法用爪抓到，兵器無法刺傷。是什麼原因呢？那是由於他們沒有走到致死的所在，進入致死的環境。

第五十一章 道生之

道生之、德畜之、物形之、勢成之。
是以萬物莫不遵道而貴德。
道之尊，德之貴，夫莫之命而常自然。
故道生之，德畜之，
　長之、育之、亭之、毒之、養之、覆之。
生而不有，為而不恃，長而不宰，
是謂玄德。

【釋　義】

1. **道生之、德畜之、**

「道生之」，一如前說，道之生非若母生子般，而只是將此道分付與萬物，亦即是將萬物生長之理予以萬物。這個萬物生長之總原理，在老子不言理，而稱形而上者爲道，稱進入現象界，融於萬物者爲德。德者得也。它是一種承受。日月得此德，它可以運行照耀，風雨得此德，可以風調雨順，以被萬物，大地得此德，可以滋育萬物。是以萬物皆靠此德之容留與豢養。

「畜」字有二讀：其一讀ㄔㄨˋ時，作家畜，積，止解。其二讀ㄒㄩˋ時，作養育解。如孟子梁惠王上：「俯足以畜妻子」即是。又作容留解，如左傳襄公二十六年：「獲罪於兩君，天下誰畜之。」其他如起也，順也，不適於此。

2.物形之，勢成之。

「物」者，物質也。亦即是原料。用古代的說法，是陰陽五行，所謂二五之化，使它具備形體。

「勢」者，情勢也。也就是環境，寒暖溫燥，以及時間的長短，空間的寬裕，來幫助它成長。

3.是以萬物莫不尊道而貴德。

萬物以道有生之之恩；德有畜之之情。至於「物形」「勢成」，都是道德所產生的輔助作用。故萬物無不尊之貴之。

4.道之尊，德之貴，夫莫之命而常自然。

雖然萬物尊道而貴德。然道德卻不以此自尊自貴。老子又擔心世人，道尊德貴之後必有權威。實則道與德並未刻意如此作爲，亦未有意指揮命令萬物如此。而只是順應自然，由萬物任化，至於生之畜之亦只是自然無爲的隨物生息而已。

5.故道生之，德畜之、長之、育之、亭之、毒之、養之、覆之。

「亭之」者，使萬物盡成其形體而化育之。

「毒之」者，使萬物實在的發揮其功能而養成之。

王弼注：「亭，謂品其形。毒，謂成其實。」

傅奕注：「史記云：亭，凝結也。廣雅云：毒，安也。亭之，毒之，指秋時言也。蓋之、覆之，指冬時言也。」

亭之，毒之。河上公本作：「成之、熟之。」

高亨云：「蓋，王本原作養，傅本作蓋。文選辨命論李注引同。今據改。」

且亭、毒二字已皆具養之之義，意有重疊。如果將養字改成蓋字，則此句均可兩兩相對成詞，如：

「生之」，「畜之」是指萬物原生之根原。

「長之」「育之」是指從幼小扶育之功能。

「亭之」「毒之」是指發育成長，使具實質作用之形成。

「蓋之」「覆之」是指最後保護珍惜以免受傷害。

6.生而不有，爲而不恃，長而不宰、是謂玄德。

此四句已見於第十章，於第十章中僅言「生之」「畜之」未明言誰生之畜之，故此處重爲釐清前言，說明乃「道生之」「德畜之」，重伸三不以見德之玄妙。

語譯：

道生萬物，而德養萬物。經二五之化，予萬物以形體，環境時空予萬物以發展。所以萬物沒有不尊崇道，而珍重德的。道受尊榮，德受珍重，他並未因此而自貴自重，去指命萬物如此，而是經常順著自然發展，任由萬物盡其性的去生長。所以道生德畜，使萬物從根原上得到生命，然後撫育它，成長它，愛護它。這種生養萬物而不據爲己有，化育萬物而不自恃其功，成長萬物而不掌控萬物，這就是道的幽冥玄妙德性。

第五十二章　天下有始

天下有始，以為天下母。

既得其母，以知其子；

既知其子，復守其母、沒身不殆。

塞其兌，閉其門，終身不勤；

開其兌，濟其事，終身不救。

見小曰明，守柔曰強。

用其光，復歸其明。
無遺身殃，是為習常。

【釋義】

1. 天下有始，以爲天下母。

說文始字：「女之初也。」釋詁曰：「初始也。」桂注：「言初生也。」

「天下有始」即天下有初生之時，或作「有天下之始」。天下始生之時，是道生之。既知非如母之生子，故只可理推，而不可見。是以道生天下，故以道爲天下之母。天下是泛指天地間之萬物。

2. 既得其母，以知其子；既知其子，復守其母，沒身不殆。

由天下之始生上推，得知道生天下，道爲天下之母。故以母子關係而言，天下萬物即爲道之子。既知如此，就應堅守此一道體，也就是這個母體，不可須臾與之分離。因爲這個母體即是生生之機之理。離此即不能生萬物，養育萬物。故守此生生之機，萬物始可繁衍綿延。而能役物不役於物，無所害。故能沒身不殆。

王弼注：「母，本也。子，末也。」

河上公注：「子，一也。」

蘇轍注：「其子則萬物是也。」

這三人所注，經比較後應加以釐清。道是母，母是本，這沒問題。言子是末，是萬物也可通。惟有「一」不是末，也不是萬物。因為老子曾說過：「道生一，一生二，二生三，三生萬物。」我們可以說「一」能衍生「萬物」，但「一」不等於「萬物」。這就如雞蛋可以孵化小雞，但雞蛋卻不是小雞。雖然可以說母雞生蛋，生小雞。因為從一到二三至萬物都是子。

3. 塞其兌，閉其門，終身不勤；開其兌，濟其事，終身不救。

「兌」者，穴也。段玉裁曰：「借為閱字，閱同穴。」「勤」者，勞也。說文：「憂也，苦也。」如法言先知：「或問民所勤。」即是

「濟其事」，猶言成其事。左傳成六年：「聖人與衆同欲，是以濟事。」目視、耳聞、鼻嗅、口食，這些引起欲念的孔穴，對外交通的大門，都應該加以關閉。蓋不見可欲，沒有外在的誘惑，則終生即無精神上和肉體上的勞苦。如果打開了這些嗜欲的管道對外交通時，那就會助長其欲望的發展和實現。則終生都無法挽救了。注意此處的所謂閉塞，並非實際上的勿視、勿聞、勿嗅、勿食，而是含有剋制的修養功夫。

4. 見小曰明，守柔曰強。

河上公注：「萌牙未動，禍亂未見為小。昭然獨見曰明。」王弼注：「見大不明，見小乃明。守強不強，守弱乃強也。」

「見小」謂見道體精微之理，這需要聰明和智慧。故能見道體之理而通曉者，謂之

「明」。道用在柔不在剛。剛則易折非強也。因爲「天下之至柔，馳騁天下之至堅」（四十三章）。「柔弱勝剛強」（三十章六章）故能守此柔弱的道用以應世，自能強勝。能堅守此柔道，亦可見其意志之堅強。

5.用其光，復歸其明。

周易晉卦象傳：「明出地上。晉，君子以自昭明德。」其中的「昭」字即是「用其光。」乃使其靈明之德更能明於道，而被於天下。又朱熹大學章句云：「人欲所蔽，則有時而昏然。其本體之明，則有未嘗息者。故學者當因其所發而遂明之，以復其初也。」人得之於道之明德，全靠此工夫以保其常明也。

6.無遺身殃，是爲習常。

朱謙之曰：「傅、范、王羲之、趙孟頫作襲常。襲習古通。」

「習」者，修習，修練，蹈習。如易以襲字，則有因襲，承襲等義。「常」指常道。能復歸其明，時而修習常保此道，使明德無失其明，即不致爲本身留下任何災禍。這種工夫就叫做「習常」。

語譯：

當天下有創始時，即可見萬物本源之道、母儀天下。既得此母體，即可知道其衍生的一切。當我們明白萬物爲道母所生之後，自能堅守此生天地萬物之母的生機。蓋知其果守其因，則終生沒有危難。而能守住此母體的方法，即是關閉一切欲念，對外交通的門戶，使我們精神肉體終生不受勞苦。否則如果打開了這些嗜欲的門戶，使之事事如意助成，則終生就無救了。知道大道的精微處，就是心地的「明」。守著柔弱的道用，即能強勝。故用其智慧之光，以去其蔽，使靈明之德，回歸光明，這就不會為自己留下災難。這也是修習常道，無使明德失明的工夫。

第五十三章　使我介然有知

使我介然有知，行於大道，惟施是畏。
大道甚夷，而民好徑。
朝甚除，田甚蕪，倉甚虛；
服文綵，帶利劍，厭飲食，財貨有餘，
是謂盜夸。非道也哉！

【釋　義】

1.使我介然有知，行於大道，惟施是畏。

「介然」，謂倏忽，忽然也。（見東華語詞辭海）

「有知」是有知覺，意識到，見到，接觸到等。

「施」古斜字，通迆，斜行也。孟子離婁下：「蚤起，施從良人之所之。」注：「施者，邪施而行，不欲使良人覺也。」

全句應謂：令我忽然意識到，遵行大道時，唯一最怕的是不走正途。

2.大道甚夷而民好徑。

「徑」者，步道，小路也。

這是延伸前句「惟施是畏」而言，此謂大道本來是平坦寬廣的康莊大道，而人民偏好走崎嶇的小路捷徑。

3.朝甚除，田甚蕪，倉甚虛。

「除」者，修治也。易萃卦：「君子以除戎器，戒不虞。」也作官殿的台階。張衡東京賦：「登自東除。」

朝廷的殿堂加以修治，本來是好事。但加上一個「甚」字，則變成朝廷加意的整修，使殿堂修建的富麗堂皇，美侖美奐，那就糟了。因爲相對的需征調民力，加征賦稅、民不聊生，田園荒蕪、無人耕種，糧倉空虛，路有餓殍也。

4.服文綵，帶利劍，厭飲食，財貨有餘。

前面講的是人民窮苦的情形。這裡說的是一些權貴的生活行徑。作了一個強烈的比照。

「服文綵」，言其穿著華貴綺麗。

「帶利劍」，言其具權勢威武，好鬥。

「厭飲食」，厭字通猒，俗即饜、飽食，滿足也。言其吃喝不盡，飽食終日。

「財貨有餘」言其富有奢靡，掠奪財貨，用之不竭。

5. 是謂盜夸，非道也哉。

「盜夸」，韓非作盜竽，謂盜魁也。

韓非解老篇：「國有若是者，則愚民不得無術而效之，效之則小盜生。由是觀之，大姦作則小盜隨；大姦唱則小盜和。竽也者，五聲之長者也；故竽先則鐘瑟皆隨，竽唱則諸樂皆和。今大姦作，則俗之民唱；俗之民唱，則小盜必和。故服文采，帶利劍，厭飲食，而資貨有餘者，是之謂盜竽矣。」王先慎韓非子集解：「夸字無義，當依此訂正。」竽較夸義長，當從之。

語譯：

令我忽然間意識到，遵行大道時，最怕不走正途。大道本來是寬坦易行，可是人民卻喜歡走小路走捷徑。朝廷將宮殿修治的富麗堂皇。卻任令人民的田園荒蕪。倉廩空虛，造成社會上權勢貴戚們，身著華服，腰佩利劍，威武好鬥，吃喝不盡，貨財用之不竭，這就像搶匪追隨著的盜魁，而非合於修道的行爲。

第五十四章 善建者不拔

善建者不拔，善抱者不脱，

子孫以祭祀不輟。

修之於身，其德乃真；

修之於家，其德乃餘；

修之於鄉，其德乃長；

修之於國，其德乃豐；

修之於天下，其德乃普。

故以身觀身，以家觀家，以鄉觀鄉，

以國觀國，以天下觀天下。

吾何以知天下然哉？以此。

【釋義】

1. 善建者不拔，善抱者不脫，子孫以祭祀不輟。

「拔」者，說文：「拔者擢也。」桂注引小爾雅：「拔根曰擢。」「抱」者，守持而弗失曰抱。禮儒行：「抱義而處。」「脫」者，遺失也。後漢書隗囂傳：「經或脫簡。」注：「脫，失也。」

此是比喻詞，言善於建樹者，不會被從根拔出來。善於守持者，不會失落掉。此處所謂善建者，乃「建德若偷」（四十一章）之建德。善抱者乃十章「載營魄抱一」之抱一。一即是道，亦猶言與萬物同融共化而不離也。如此則能綿延不息，生化不止。子孫能愼終追遠，祭祀不輟也。

2.修之於身，其德乃眞；修之於家，其德乃餘；
修之於鄉，其德乃長；修之於國，其德乃豐；
修之於天下，其德乃普。

「修之」的「之」字，是指前言「善建」「善抱」而言。

「眞」者，性眞也。莊子秋水：「謹守而勿失，是謂反其眞。」注：「眞在性分之內。」成玄英疏：「反本還源復於眞性。」

「餘」者，饒也。說文：「餘，饒也。」又曰：「饒，飽也。」國策秦策：「不得煖衣餘食。」此言澤及子孫也。

「長」應讀爲ㄓㄤˇ，不應該作ㄔㄤˊ。長者久也。詩商頌長發：「長發其祥。」謂長享其德（福祚）可垂後世也。

「豐」者，富厚也。言國富民裕。歲熟亦曰豐，言大有年也。

「普」者，博大也。易乾：「見龍在田，德施普也。」言其德廣大周遍，澤及四海。

在這裡的「國」與「天下」二詞，應作一說明。其古今所代表的意義不同，中國古代實行封建制度，所謂由天子封君建國。所以古代之「國」僅指諸侯之國，其大小亦不統一而且相差甚爲懸殊。古代「邦」「國」同義。至於「天下」則指天子所轄全部之領土。

3.故以身觀身，以家觀家，以鄉觀鄉，以國觀國，以天下觀天下。

「觀」者，諦視也。說文段注：「審諦之視也。」又論語爲政：「觀其所由。」皇疏：「廣瞻也。」「觀」不僅是表面上的看見而已，而是要仔細的深入審察諦視，瞻其所由。所以這幾句話是照應前面「修之於身，其德乃眞」等五句而來。是說明站在修身的立場去審視，自身是否確實修到眞的地步。同樣的站在修家的立場去審視其家之德，是否修到餘的程度，以下乃至天下之德，是否修到普的廣大等。

4.吾何以知天下然哉？以此。

這句話不但是本章的結語，而且也說明了修之身，家、鄉、國、天下，一步步的成果累積，由內聖而外王，由一己之身，而推之於天下。見天下之德廣大周遍深及四海，由果推因，我是如何知之者，此乃由於身修其德眞，家修其德餘，鄉修其德長，國修其德豐，天下修其德普而得知的呀！

語譯：

眞正善於建德的人，是不會被拔除其德的。眞正能守一而不失的，是不會被逃脫的。苟能建此德，守此一而不離，其子孫繁衍衆多，祭祀也不會中輟的。所以用所建之德、與所守之一，去修養自己身心，其必復原於其善良的眞性，將此修習於家，其家必富饒澤及子孫。將此修習於鄉黨，其福祚必長久，垂於後世。修習於邦國，其德必國富民裕，年登歲豐。修之於天下，其德必博大，澤及四海。因此我們以修身的立場去檢視，身是否達到性眞的地步。以齊家的立場檢視，家是否達到餘饒的程度，以建鄉的立場檢視，鄉是否達到長久的程度，以治國的立場檢視，國是否達到豐裕的美好。以平天下的主場檢視，天下是否能德施周遍，澤及四海。我之所以知道天下能廣被福澤，如此安享福祚，就是由於見到身德能眞，家德能餘，鄉德能長，國德能豐等，這一步步發展而來的呀！

第五十五章　含德之厚

含德之厚，比於赤子：
蜂蠆虺蛇不螫，猛獸不據，攫鳥不搏。
骨弱筋柔而握固。
未知牝牡之合而全作，精之至也。

終日號而不嗄，知之至也。
知和曰常，
知常曰明，
益生曰祥，
心使氣曰強。
物壯則老，謂之不道。
不道早已。

【釋　義】

1. 含德之厚，比於赤子。

前章言修德之法，此言修德之果。「含德之厚」言至德之人，所修之厚德，可與赤子相比擬。老子常以赤子比喻修道有成之人。如十章之：「專氣致柔，能嬰兒乎?」二十章之：「如嬰兒之未孩」等。所謂「赤子」者，依書康誥：「若保赤子」，疏：「子生赤色，故言赤子。」又盧兆滏天香樓偶得云：「赤，尺古通用。引文獻通考：『深赤者十寸之赤也』以爲證，曰赤子者，言百姓生小兒，長僅一尺也……」見兩般秋兩盦隨筆卷二。蓋初生嬰兒純潔善良，無機心無詐僞，無害人之心，一切皆本之於自然之求生本能，饑食渴飲而已。

2. 蜂蠆虺蛇不螫，猛獸不據，攫鳥不搏。

「蜂蠆虺蛇」諸家注本多作「毒虫不螫。」河上公本原文亦作「毒虫不螫」，注文則爲「蜂蠆虺蛇」。疑注誤入本文，故近代人多依此而改之。

「據」者，捕按，佔有也。

「攫」者，取也，爪持也。鳥以爪取物，或以翼擊而取之也。

「搏」者，捕執也，擊也。

焦竑解說：「毒虫，蜂蠆之類。以尾端肆毒曰螫。猛獸，虎豹之類，以瓜按拏曰據，攫鳥，鵰鶚之類，以羽距擊觸曰搏。」

王弼注：「赤子無求無欲，不犯衆物。故毒虫之物無犯之人也。含德之厚者，不犯於物，故無物以損其全也。」

毒蛇猛獸之傷人，多在於爭食自衛，及其飽食之後，人不犯它，它亦不犯人，赤子無害人之心，一本自然之純眞，故毒蛇猛獸亦不犯之。非不能傷之也。

3. 骨弱筋柔而握固。

此言赤子尚未長成，故其筋骨柔弱無力，然而卻能「握固」，注意此「握固」二字，其本意是「抓得牢」。但是既言其筋骨柔弱，又如何能抓得牢呢？豈不矛盾，故此「握固」二字非指實物握而固之也，乃是赤子握此深厚之含德甚固。固，不離也。以下皆言其固握此德後之情景與效應。

4.未知牝牡之合而全作，精之至也。

「牝牡之合」，乃指雌雄交配，男女媾合之事。赤子幼而無知也。「全作」，河上公本，「全作」改爲「朘作」。傅奕本爲「朘作」。「朘」「朘」二字說文均解作「赤子陰也」。是以二字相通。惟王弼作「全作」。故其注云：「作，長也。」無物以損其身，故能全長也。言含德之厚者，無物可以損其德，渝其眞。柔弱不爭而不摧折，皆若此也。」所言甚爲含糊其詞。不若河上公注：「赤子未知男女之合會而陰作怒。由精氣多之所致也。」「作」者，舉起也。故俞樾謂：「全乃𨸏之誤。」「𨸏」者，古陰字也。

赤子未知男女媾合之事，而其陰常舉起，是其精氣飽滿至極也。

5.終日號而不嗄，和之至也。

「號」者，謂大聲哭也。

「嗄」者，謂聲敗而變也。即啞也。河上公本作啞。

「和」者，順也，諧也，不剛不柔。如易乾：「保合太和。」書堯典：「協和萬邦。」以及中庸之：「發而皆中節謂之和」等均是。

赤子終日大聲哭號，聲音不會變啞，乃是由於其完全順應自然，哭聲不剛不柔，完全是一種生理之自然反應，由於飢渴，冷熱，感覺不適而發也。

6.知和曰常，知常曰明，

王弼注：「物以和爲常，故知和則得常也。」

河上公注：「人能知和氣之柔弱有益於人者，則爲知道之常也。」又曰：「人能知道之常行，則日以明達於玄妙也。」

「和」既是不剛不柔，協調中節，從而故能體驗到自然之常道運作。此亦是人之智慧，能明辨是非、心無所蔽也。於十六章中見「復命曰常，知常曰明」。故知「知和」即「復命」也。循天道之自然而不妄作，故能「常」能「明」也。

7.益生曰祥，心使氣曰強。

「祥」在古代解釋，凡吉凶之兆皆曰祥，如左傳僖公十六年：「是何祥也？吉凶焉在？」疏：「中庸必有禎祥，吉祥也。必有妖孽，凶祥也。」今則多以吉兆爲祥，而凶兆爲不祥，益生爲增益其生命，加上人爲有違自然故不祥。

「心使氣曰強」。莊子人間世：「耳止於聽，心止於符。氣也者，虛而待物者也。」又因爲「心有知覺，氣無情慮」，故「心使氣」有違自然，是以曰強。強是剛強，但因強字古作「彊」，即「僵」的借字。故心使氣曰強可解作以心鼓使之氣，不合於自然之道，而必死滅也。歷代注家不出以上之意。然細察「祥」與「強」二字，可不必作負面意義去解，此二句亦可得解。

蓋「益生」乃指古代服食丹藥，符籙以求長生。如漢武梁武之服用寒食散等。在一般人認爲服食丹藥乃是吉祥之事。帝王且服之。（實則皆促其早死。）

「心使氣」，即古代導引吐納之術。其修練初期可能有效，故人謂吐納之術，可爲強身之術。（實則不得其法，走火入魔，導致身殘。）

8.物壯則老，謂之不道，不道早已（亡）。

「壯」者，強盛碩大也。「已」者，有作「亡」者，形近。亡者止息死亡也。此三句曾見於三十章。此乃引作本章之結語，亦說明「益生」及「心使氣」，二者初期雖具成效，故一般人以之爲祥，以之爲強。可是「物壯則老」，「亢龍有悔」，益生之過度，使氣之過分，皆非合於自然之道，由其不合於自然之道，不但無益反而促其早亡。

語譯：

修德涵容深厚的人，可與赤子嬰兒相比擬。由於嬰兒無求無欲，不犯衆物，所以毒虫不會螫他，猛獸不會抓他，強悍的鷹隼也不會捕捉他。他筋骨雖很柔弱，可是掌握厚德卻很牢固。他雖不知男女媾合之事，但他的小生殖器，卻能常挺舉起來，那是他的精達到了精純飽和的地步。他雖終日哭號，卻不聲啞。這是達到和的境界。知道和即復命的常理，內心便能澈悟明白。增益其生命之事，看似吉祥之事。心使氣導引吐納，似是增強體魄，然而任何事物，發展到最強壯的時候，都會趨向於衰老的，這是不合乎自然的方法，益生與心使氣，這種不合於自然之道的做法，便會早取死亡的。

第五十六章 知者不言

知者不言，言者不知。
塞其兌，閉其門；
挫其銳，解其分；
和其光，同其塵。
是謂玄同。
故不可得而親，不可得而疏；
不可得而利，不可得而害；
不可得而貴，不可得而賤。
故為天下貴。

【釋　義】

1. 知者不言，言者不知，

「知者」，即智者，係有智慧而達於道者。

莊子齊物論：「言者有言，其所言者特未定也。」又曰：「夫道未始有封，言未始有常。」

王弼注：「知者不言，因自然也。言者不知，造事端也。」

蓋語言文字皆是表達意見，溝通思想的工具。但語言文字並非萬能。有些事物亦非語言文字所能盡言。如情感之敘述、景色之描繪，皆難盡其妙。所謂「百聞不如一見」，「不如親身體驗」等。況且能言而善言者，其所言是否客觀，曾否滲入主觀意識。而且其學識、詞彙是否能曲盡表達其述說之眞象，在在都足以誤導而失眞，智者知修道在於自身之體道踐履，語言文字非道也。故智者不言，而言者非智也。

2.塞其兌，閉其門。

見五十二章。

3.挫其銳，解其分，和其光，同其塵。

見第四章。

4.是謂玄同。

「玄同」是幽深玄妙的混同。揚雄太玄玄攡篇：「玄者，幽攡萬類而不見形者也。」又曰：「夫玄，晦其位而冥其畛，深其阜而眇其根，攘其功而幽其所以然也。故玄，卓然示人遠矣，曠然廓人大矣。淵然引人深矣，渺然絕人眇矣。」

「塞其兌，閉其門」，是指閉口不言。「挫其銳」是指不出風頭，不露鋒芒。「解其分」

是指不與人逞強鬥狠。「和其光，同其塵。」王弼注：「和光而不污其體，同塵而不渝其貞。」這絕不是同流合污，而是不炫不爭的無爲順化的態度。一種和諧調和，渾然與萬物一體，不污不染，乃是眞正的玄同。

5. 故不可得而親，不可得而疏，不可得而利，不可得而害。不可得而貴，不可得而賤。故爲天下貴。

「不可得」即是「不可以得到」的意思。

王弼從反面去解釋謂：「可得而親，則可得而疏也。可得而利，則可得而害也。可得而貴，則可得而賤也。」又曰：「無物足以加之也。」

試看：親疏、利害、貴賤。這其中離不開一個「我」字。如與我相親，與我相疏。對我有利，對我有害。令我高貴，令我卑賤。既然是與萬物玄同了，那還有一個自我存在呢？否則就不稱爲玄同。是以應如莊子所言，忘我無我才能玄同。

「故爲天下貴」，其中之貴字，並非言貴賤也。乃言其可貴，有價值，令人珍惜之義。謂能玄同是爲天下所最有價值的事。

語譯：

眞正有智慧之智者，是不作言說的。而喜爲言說的則非眞有智慧之人。所以塞其思維之穴，閉其五官之門，挫其鋒銳之稜角，解除紛爭之鬥狠，和諧衆人之光彩，降意與世人相處。這就稱之爲「玄同」，是故不可與之親近，不可與之疏遠，不能獲利，不能受害，不可高貴，不可卑賤，以至於無我忘我的與之玄妙的混同，這才是天下最可珍貴的境界。

第五十七章　以正治國

以正治國，以奇用兵，以無事取天下。
吾何以知其然哉？以此：
天下多忌諱，而民彌貧；
民多利器，國家滋昏；
人多伎巧，奇物滋起；
法令滋彰，盜賊多有。
故聖人云：
我無為而民自化；
我好靜而民自正；
我無事而民自富；
我無欲而民自樸。

【釋　義】

1. 以正治國，以奇用兵，以無事取天下。

「以正治國，以奇用兵，以無事取天下，吾何以知其然哉？以此。」此數句依俞樾古書疑義舉例謂當屬上章之結語。下文「天下多忌諱而民彌貧，乃別爲一章。今本誤。」如二十二章、五十四章行文文例。記此並作參考。

「以正治國」，即以正當平正不偏斜之方法治理國家。

「以奇用兵」，即出敵不意，變幻莫測，以奇制勝的用於軍事作戰上。

「以無事取天下」，中之「無事」可有二義：一是無所事事，除正常運作外，不作額外的擾民勞民，以增加負擔。亦即是無爲。二是無特意從事以取得天下，乃是順應民意，因勢成事。因處事以正，民必歸服也。故以正治國，以奇用兵，雖是傳統治道，但不若以無事取天下爲佳。

2. 吾何以知其然哉？以此。

我如何知道是這樣的呢？以此，以者因也。此者，此後所言也。是因爲下面的情形而得知也。

3. 天下多忌諱，而民彌貧。

「忌諱」，周禮春官小史：「則詔王之忌諱。」注：「先王死日爲忌，名爲諱。」後凡有所避忌而諱言者，皆曰忌諱。此處之忌諱，是指昏君暴政，強征暴歛，傜役無度，大興土木，好戰廢耕，禁止人民批評政府，不得私語，相視以目，民不聊生，故愈貧。

4.民多利器，國家滋昏，

「利器」，河上公注：「權也。」王弼云：「利器，凡所以利己之器也。民強則國家弱。」

利器雖有多義，然此處可釋爲鋒利的兵器，或泛指徒衆多之民間組織。政府難以掌控。「滋昏」增多惑亂及昏潰。民多利器則國家難以安甯。

5.人多伎巧，奇物滋起。

「伎巧」者，智慧巧藝也。王弼注：「民多智慧則巧僞生，巧僞生則邪事起。」李克書：「男女飾美以相矜，而能無淫佚者，未嘗有也。故上不禁技巧，則國貧民侈。」

「奇物」，謂珍奇怪異之物。此皆刺激欲望，鉤起貪心之由。

6.法令滋彰，盜賊多有。

尹文子大道下：「法者，所以齊衆異，亦所以生乖分；刑者，所以威不服，亦所以生陵暴；賞者，所以勸忠能，亦所以生鄙爭。」

法令過多，民無所是從。動輒得咎。民遂不畏死。法令解體，形同虛設，故盜賊滋生多矣。

7.故聖人云：我無爲而民自化，我好靜而民自正，我無事而民自富，我無欲而民自樸。

此四句乃是針對前面「民貧」「國昏」「物滋」「賊多」來作的補救之道。

王弼注：「上之所欲，民從之速也。我之所欲唯無欲，而民亦無欲而自樸也，此四者崇本以息末也。」

「化」者，轉移民俗曰化，如教化、德化。

「正」者，歸服曰正，如歸正、反正。

「無事」者，非謂無事可做，是於國事正常運作中，不另生事端不爲滿足利欲，大興土木，苛捐雜稅，兵戈不息等。

故「無爲」，「好靜」，「無事」，「無欲」皆在此國君之一心。其念起念落即決定了人民是否能「自化」，「自正」，「自富」，「自樸」。從其心上做起，此所以崇本息末也。

語譯：

以正道治國，以奇術作戰，以無事而得治天下。我是如何知道這種情形的呢？那是由於以下的情實。天下政令禁忌過多，人民則愈貧窮。民間有太多精良兵器，則國家即產生昏亂。如人民多具智慧巧藝，那珍奇怪異之物即多起來了。法令規章繁多，則盜賊反而更加增多。所以聖德的君主說，我以無爲治國，人民自然能受到教化，我以清靜自守，人民自然歸服，我不無事生非，節外生枝以擾民，則人民自然富有，我無欲無求，人民自能歸之於素樸的生活。

第五十八章 其政悶悶

其政悶悶，其民淳淳；
其政察察，其民缺缺。
禍兮福之所倚，
福兮禍之所伏。
孰知其極？其無正。
正復為奇，善復為妖。
人之迷，其日固久。
是以聖人方而不割，
廉而不劌，
直而不肆，
光而不耀。

【釋 義】

1.其政悶悶，其民淳淳；

此是由前一章的治國，而談到施政問題。

「悶悶」者，寬大渾噩貌。「淳淳」者，淳樸篤厚。

王弼注：「言善治政者無形，無名無事，無政可舉。悶悶然卒至於大治。故曰其政悶悶也。其民無所爭競，寬大淳淳，故曰其民淳淳也。」

其施政寬大，不多所措施，標新立異。一切循例常規，其人民自是純樸篤厚，日出而作，日入而息。

2.其政察察，其民缺缺，

「察察」者，分析明辨也。「缺缺」者，澆薄貌。呂吉甫云：「缺缺者，言其不全于樸也。」於德有所虧也。王弼注：「立刑名，明賞罰，以檢姦僞，故曰察察。殊類分析，民懷爭競，故曰其民缺缺。」

法令規定的愈是細密，賞罰過度的嚴刻，人民爭競激烈品行亦愈澆薄，德有所虧，樸亦有所不足。所謂「水清無魚也。」

3.禍兮福之所倚，福兮禍之所伏。孰知其極、其無正？

王弼注：「言誰知善治之極乎？唯無可正舉，無可形名，悶悶然而天下大化，是其極也。」

悶悶者非善政也。而其民則淳淳。施政精明分析，信賞必罰，而其民則缺缺。老子深爲感慨。見善中有惡因，惡中有善苗。誰又知其究竟到底如何呢？

「其無正」者，其通豈，「正」是標準。謂難道沒有準則嗎？

4.正復爲奇，善復爲妖，人之迷，其日固久。

「正」是端正的常規。「奇」是變化不定的方法。

「妖」爲不祥之惡災。

奇正的變化，善惡的循環，人們茫然無所是從，不知其究竟，無可奈何迷惘之心，其歷日久矣！

5.是以聖人方而不割，廉而不劌，直而不肆，光而不耀。

馬敘倫以爲「此四句當移至『其民缺缺』下。」此可備一說。然若以此四句作爲本章之結語亦可通。

「方而不割」言聖人自己雖方正正直，但亦不宰割他人強爲從己。

「廉而不劌」者，「廉」是廉潔有稜角。「劌」是傷害被刺傷。此言聖人雖自己廉潔不苟，亦不傷害別人。

「直而不肆」者，「直」是爽直坦率。「肆」是恣意放縱。此言聖人自己雖率直坦然，但卻不恣意放肆。

「光而不耀」者，「耀」是謂光發於此而及於彼曰耀。此言聖人智慧清明，洞察萬物，卻不鋒芒外露，顯現於人，雖輔育萬化而不爲人知也。

王弼注：「以方導物，舍去其邪。不以方割物，所謂大方無隅。廉，清廉也。劌，傷也。以清廉清民，令去其邪，令去其污，不以清廉劌傷於物也。以直導物，令去其僻，而不以直激沸於物也。所謂大直若屈也。以光鑑其所以迷，不以光照求其隱匿也。所謂明道若昧也。此皆崇本以息末，不攻而使復之也。」

方、廉、直，光是福、正、善；割、劌、肆，耀是禍、奇、妖也。

語譯：

爲政者寬大渾噩無事，其人民則生活純樸，德心篤厚。爲政者精細嚴刻，其人民則品行澆薄，純樸不足。災禍是幸福所倚託的經驗。幸福中也隱藏有災禍，誰能知道禍福的究竟呢？難道沒有準則嗎？奇正的變化，善惡的循環，人們茫然迷離，本來已有很長的時間了。所以聖人的處理之道，是他雖方正，但並不宰制他人強爲從己，他雖廉潔，卻不刺傷別人，曝其不廉。他雖率直，但卻不恣意放肆，任我獨行，他雖明智，卻不炫耀，鋒芒外露發人隱私。

第五十九章 治人事天莫若嗇

治人事天莫若嗇。
夫唯嗇，是謂早服；
早服謂之重積德；
重積德則無不克；
無不克則莫知其極；
莫知其極可以有國；
有國之母可以長久。
是謂深根固柢，長生久視之道。

【釋義】

1. 治人事天莫若嗇。

「治人」謂管理人事。內以律己，外以化人。所謂內聖外王之道也。

「事天」，謂侍奉自然，涵養自己天賦之本能，順應萬物自然之化育。

「嗇」謂節儉，不浪費，非所謂慳吝也。

聖人處無爲之事，行不言之教。（二章）

爲無爲，則無不治。（三章）

見素抱樸，少私寡欲。（十九章）

爲無爲，事無事，味無味。（六十三章）

皆所以爲嗇也。豈只省刑令而已。

2.夫唯嗇，是謂早服。

「早服」者，「早」是先也，趁早之義。「服」習也，適應熟習。如「水土不服」之服。

故早服謂趁早熟悉而適應之。

「嗇」是一種修養功夫。俗語所謂「由儉入奢易，由奢入儉難」，四十八章云：「爲道日損，損之又損，以至於無爲。」這種損之又損的修養功夫，非一時可及。是要趁早熟習，慢慢適應而得來的。「是以聖人去甚，去奢，去泰。」（二十九章）以修之。

3.早服謂之重積德，

「重積德」者，「重」是厚重、增益、加重。「積」謂時間，積久而成的。荀子解蔽：「私其所積，唯恐聞其惡也。」楊倞注：「積，習也。」「德」指嗇德。

此謂趁早熟習這所謂積久而成習的嗇德。

4.重積德則無不克，

能積久成習，養成了蓄德。那就沒什麼做不到，克服不了的事啦。所謂「計得而後能御萬物。」（韓非解老）

5.無不克則莫知其極。

「極」者，極致也。道之高，德之深，無遠弗屆也。其言「無不克」，謂可以破除時空的限制而不知其終極。

6.莫知其極，可以有國。

能體道德之高厚深遠，必是修道有成，德御萬物之士。以此種修養即可以有國而治之矣。盛德如此，自可以君天下也。

7.有國之母，可以長久。

「母」謂根源、根本。商君書親民：「慈、仁、過之母也。」又泛指能有所滋生的事物者，如酒母、母金等。此亦影射大道也。

謂有國之後，能秉持此國家的根源，體察萬物生長的之理，則可以長治久安，永享其祚也。

8.是謂深根固柢，長生久視之道。

「深根」和「固柢」是同義複詞字。「柢」也是樹根。皆言植根深而牢固不可拔也。同樣的「長生」和「久視」也是同義複詞字。皆謂長久生存。耳目不衰之意。

韓非解老：「柢固則生長，根深則視久。」「深根固柢」言修道之深，體道之固。「長生久視」，言有國之後，可以長久享國，不致轉瞬滅亡。皆所以言政治，非關養生也。

語譯：

管理人事，侍奉自然天道，莫過於節儉是最好的方法。唯有節儉是要趁早熟習而適應的。能早熟習適應，才可以積久成習，有了嗇德。積久養成嗇德，即可以御萬物做到無所不克的地步。能克服一切，其道德自能達到無遠弗屆，不知其終止的境界。進入此境界之後，即可以有國而治之了。秉持有國的根源及萬物所以生之本，即可以長治久安。這就是所謂根柢穩固，長久享國的方法。

第六十章　治大國若烹小鮮

治大國若烹小鮮。
以道蒞天下，其鬼不神。
非其鬼不神，其神不傷人。
非其神不傷人，聖人亦不傷人。

夫兩不相傷，故德交歸焉。

【釋　義】

1.治大國若烹小鮮。

「小鮮」的鮮字，歷來都解作「生魚」解。實則鳥獸新鮮的肉皆可謂之鮮。書經益稷：「暨益奏庶鮮食。」孔傳：「鳥獸新殺曰鮮。」是以「烹小鮮」乃指以小鍋煮肉食。

王弼注：「喻不擾也。」

河上公云：「鮮，魚也。烹小魚，不去腸、不去鱗、不敢撓，恐其糜也。治國煩則下亂，治身煩則精散。」

俗語有言：「大鍋飯，小鍋菜。」謂其較好吃。原因小鍋量少，火候和配料容易掌握，且不須大肆攪動。俗稱容易入味。所以治大國時，亦應培養人民自由發展（火候），增進福利，適時予以照拂（配料）。不擾民時，不勞民力，耕耘不廢（不攪動），安居樂業，自然得治。

2.以道蒞天下，其鬼不神。

「蒞」原作莅。到也，臨也。轉爲到職視事。

「鬼」字除人死爲鬼外。尚有二義，一謂陰陽害人，行事不光明者。詩小雅何人斯：「爲鬼爲蜮。」鬼與蜮皆暗中害人之物，用以喻陰險作惡之人。一謂黠也。聰明狡猾也。俗說：

「鬼靈精」。方言云：「虔、儇、慧也。自關而西趙魏之間謂之黠，或謂之鬼。」

「神」，易繫辭：「陰陽不測之謂神。」又祭法云：「山林川谷丘陵能出雲爲風雨，見怪物皆曰神。」是「神」有神奇變化，巧於作怪，亦即是神通伎倆。

此謂如以大道治天下，那些陰險害人之人與事，即不能巧於作怪而得逞。

3. 非其鬼不神，其神不傷人。

言並非那壞人不會做壞事作怪。而是其伎倆傷不到人。

4. 非其神不傷人，聖人亦不傷人。

也不是鬼作怪的手段傷害不了人，而是聖人以德化人，以祥和化戾氣，使無傷人之意與籍口。

5. 夫兩不相傷，故德交歸焉。

「歸」者，歸宿，歸向，結局。亦即回歸於道也。

就因爲彼此兩不相傷害；我無害人之心，人無傷我之意，順乎自然無爲虛靜，以祥和相待。故其德亦交互有了歸向，各得其所得，而歸之於道。

語譯：

治理大國應像烹煮小鍋魚肉般，細火輕調，令民安居樂業，順乎自然，以虛靜處之不干擾。以這種方法治理天下，那陰險的壞人，就不能逞其伎倆。並非壞人不會作怪，而是他的作怪伎倆，不能傷人。也不是他的作怪伎倆傷不了人，而是聖人以德化人，以祥和慈藹，使無傷人之意，就因爲彼此互不相傷，故其無爲之德亦各有了歸向。

第六十一章 大國者下流

大國者下流，天下之交，天下之牝。牝常以靜勝牡，以靜為下。故大國以下小國，則取小國；小國以下大國，則取大國。故或下以取，或下而取。大國不過欲兼畜人，小國不過欲入事人。夫兩者各得其所欲，大者宜為下。

【釋 義】

1. **大國者下流，天下之交，天下之牝。**

「下流」謂河川接近於出海口之下游地區。「天下之交」。交，是通好往來也。言下流乃是各地水陸交通貿易往來之地。

「天下之牝」。第六章云：「玄牝之門，是謂天地根。」牝為生命之根源。可引伸為生活物資所取得之地。

此言大國如居於河川下游，交通往來貿易之地。是天下物資聚散之所也。此乃譬喻謂大國如能屈尊折節，居於下，則可為衆所歸服也。

2. 牝常以靜勝牡，以靜為下。

王弼注：「靜而不求，物自歸之也。以其靜故能為下也。牝雌也。雄動貪欲。雌常以靜，故能勝雄也，以其靜復能為下，故物歸之也。」

「牝」是動物之雌者。「牡」是動物之雄者。常言道：「雄飛雌伏。」是雄好動，雌愛靜。雄以覓食衛雛，故好動，雌以育幼哺乳故需靜。以靜制動，故雄常以求愛而屈於雌，是以靜乃屈己以下人，以柔克剛也。

3. 故大國以下小國，則取小國；小國以下大國，則取大國。故或下以取，或下而取。

兪樾謂：「『故大國以下小國，則取小國。小國以下大國則取大國。故或下以取，或下而取。』按或下以取，或下而取。兩句文義無別。殊為可疑。當作『故下以取小國，或下而取大國』，即承上文而申言之。因下文云『大國不過欲兼畜人，小國不過欲入事人』，兩大國字適相連，而誤脫其中，遂幷刪上句小國字，使相對成文耳。」記此並作參考。

「以取」與「而取」，含義有所不同。「以取」言用此屈己下人之策，以取得小國之人民土地。「而取」言以屈己事人之策，而得到了大國的物資以養民。

4.大國不過欲兼畜人，小國不過欲入事人。

「兼畜人」，指兼併小國土地，多畜養人口。河上公注：「兼并人國而牧畜之。」

「入事人」謂入於大國而服事之，以取得資助也。

5.夫兩者各得其所欲，大者宜爲下。

至於大小兩國，各自達到他們的欲求，看來大國眞應該屈己下人才對。此章引牝勝牡以靜爲下，而喻大小國之關係。

語譯：

大國要像位於江河出海口的下游一般。那是天下貿易往來之地，亦是可取得生活物資之所。一如動物之雌者，蓋雌常以柔靜勝過雄的，也就是以虛靜謙下爲手段。所以大國以屈己下人降服了小國，小國以謙下事人而取得了大國的資助，有的以屈己而得國；有的以卑己而取得資助。大國不過是要兼幷土地，多畜人口；小國不過是事奉天國得其資助。兩者都能達到其目的，所以大國更宜於謙下屈己以尊人呀！

第六十二章　道者萬物之奧

道者萬物之奧，

　善人之寶，不善人之所保。

美言可以市，尊行可以加人，

人之不善，何棄之有？

故立天子，置三公，

　雖有拱璧以先駟馬，不如坐進此道。

古之所以貴此道者，何？

不曰以求得，有罪以免邪！

故為天下貴。

【釋　義】

1. **道者萬物之奧。**

「奧」有二義：一見釋名釋宮室：「室中西南隅曰奧。不見戶明，所在祕奧也。」謂深祕不易窺探也。一見爾雅釋宮：「奧，室中隱隩之處也。」注：「奧猶曖也，可得庇蔭之辭。」又論語八佾：「與其媚於奧，甯媚於竈。」疏：「因以奧有常尊而非祭之主。」謂人所尊，且可爲庇蔭也。

王弼注：「奧，猶曖也，可得庇蔭之辭。」

河上公曰：「奧，藏也，道爲萬物之藏，無所不容也。」謂道深奧不易窺探，爲萬物所尊，且爲其庇蔭也。

2. 善人之寶，不善人之所保。

王弼注：「善人之寶，寶以爲用也。不善人之所保，保以全也。」

道發之爲用，其用無窮，可施之於萬物，「是以萬物莫不尊道而貴德。」（五十一章）故善人寶之。道之尊貴在於其可成全萬物，故不善之人，修之可得以庇蔭，保之可以全其身也。

3. 美言可以市，尊行可以加人。人之不善，何棄之有？

「美言」，猶巧言。謂說好聽的話。

「市」是買賣，交易也。

說好聽的話，可用權勢金錢交易而得。尊貴的行誼，也可以加以教養或爲人所賦予。這些都是由外在力量所加予的。所以人如果不好不善良，也可以用外力加以改造，又何必放棄而由他去呢？

4.故立天子，置三公。

「三公」官名。周代有二說：一謂司徒、司空、司馬。一謂太師、大傅、太保爲三公。而西漢則以丞相（大司徒），太尉（大司馬），御史大夫（大司空），爲三公。天子三公皆是「尊行可以加人」者，部下不擁戴，天子不任命，何得有之？

5.雖有拱璧，以先駟馬。不如坐進此道。

「拱璧」大璧也。兩手合抱曰拱。璧者玉器。平圓中有孔。邊叫肉，孔稱好。邊大倍于孔者名璧。拱璧須兩手拱抱之故爲大璧。

古人送禮，精細者先送，所以相告知，粗重而多者後送。如左傳僖公三十三年：「鄭商人弦高將市於周、遇之。以乘韋先牛十二犒師。」「乘韋」即四張熟牛皮。

「坐進」，坐者，將、遂、即也。韓愈石鼓歌：「觀經鴻都尚塡咽，坐見舉國來奔波。」「進」是送上，如進貢。

此謂雖然有珍貴的禮物送人，不若即將此道送去爲好。

6.古之所以貴此道者，何？不曰以求得，有罪以免邪。故爲天下貴。

「不曰以求得」，謂不是說想要求取此道即可得之。乃是須清虛無欲，皈心向善之成德功夫。

「有罪以免邪？」其上省了一個「不曰」。即不是說修了此道就可以有罪的得以免除其罪。乃是在能修道悔過，同於道同於德，一心向善彌補其過失，擺脫其罪惡陰影也。

語譯：

道深奧尊貴，可爲萬物所託庇。善良的人很寶貴它，不善良的人也想保有此道以全其身。美妙好聽的言詞，可以交易而得，尊崇的行誼，也可由別人所賦予。所以人有不善的行爲者，又何必棄他不顧呢？故擁立天子，任命三公。雖然在送駟馬之先奉上大璧之重禮，不如即將此道送上去的好。古代的人所以貴重這個道，是爲什麼？不是說想求此道即可以得到此道，也不是說有罪的人修此道就可免罪。乃是守靜抱一，同於道同於德去修習，雖有缺失，但能彌補以爲成德之人。此道之所以爲天下人珍貴呀！

第六十三章　爲無爲

為無為，事無事，味無味。

大小多少，報怨以德。

圖難於其易，為大於其細；

天下難事必作於易，天下大事必作於細。

是以聖人終不為大，故能成其大。

夫輕諾必寡信，多易必多難。

是以聖人猶難之，故終無難矣。

【釋 義】

1. 爲無爲，

本章皆言處世治事之方法。第一個「爲」字是動詞，以下之「事」及「味」皆同。「爲」是實施或實行。

河上公注：「爲無爲，因成修故，無所造作。」

淮南子脩務訓：「吾所謂無爲者，私志不得入公道，嗜欲不得枉正術。循理而舉事，因資而主權。自然之勢，而曲故不得容者，事成而身弗伐，功立而名弗有。非謂其感而不應，攻而不動者。」

「無爲」並非諸事皆不爲。蓋「無爲」乃是君王之道也。故韓非主道篇：「人主之道，靜退以爲寶。不自操事而知拙與巧；不自計慮而知福與咎。」但下級官吏及人民必有所爲。是以莊子天道篇：「上必無爲而用天下，下必有爲爲天下用，此不易之道也。」

無爲而治的社會情形如何？陸賈在新語中描寫道：「君子之爲治也，塊然若無事，寂然若無聲，官府若無吏，亭落若無民。閭里不訟于巷，老幼不愁於庭；近者無所議，遠者無所聽；郵亭無夜征之吏，鄉閭無夜召之征。」

故無爲而治，最適合大戰亂之後，人口減少，社會經濟困乏，荒田待耕，人民急需養息，萬物欲待復甦之時。故「無爲」不是不爲，而是要人不妄作。在不妄作的前題下，凡是對人類有益的事，沒有不可爲的。怎樣做才能對人類有益呢？依老莊的看法，那就是要順乎自然。（韋政通中國哲學辭典第六三〇頁）

2.事無事，

「事」，凡人類所爲，所遭逢的皆曰事。第一個「事」字作從事、處理、辦事等解。「事無事」表面上看起來，與前面的「爲無爲」意義似很接近。但「爲無爲」是講的大原則大政策。而「事無事」卻說的是處事細則要執簡馭繁。故河上公注：「事無事，豫有備，除煩省事也。」

3.味無味，

「味」是品味、體味、嚐試等。「無味」是不加任何調味品的原味。引伸爲平淡、索然。表面上看來，這句話與前面的「爲無爲」「事無事」很不搭調不配合，實際是老子要關令尹在「爲無爲」「事無事」的實施之後，應在那恬淡無味中，去體味他的精神和重心，甚至精髓所在，不可等閒視之。所以

河上公注：「深思遠慮，味道意也。」

王弼注：「以無爲爲居，以不言爲教、以恬淡爲味，治之極也。」

4.大小多少，報怨以德。

此二句缺少輔詞，上下文義不易連貫。是以後人釋義甚爲紛歧。實則此文應由下文之「報

怨以德」上推「大小多少」之義。究其怨由何生？乃在於付出的恩惠大而回饋的小；付出的資財多而回收的少，是以心有不滿。蓋雖然如此，仍應以懷恩之德回報之，緣以怨隙雖小，但若斤斤計較，則易釀成深仇大恨，故以德報怨可化怨恨於無形。此所以引出下文圖難於易等，而回應上文之「事無事」也。

5.圖難於其易，爲大於其細。天下難事必作於易，天下大事必作於細。是以聖人終不爲大，故能成其大。

河上公注：「欲圖難事，當於易時，未及成也。欲爲大事，必作於小，禍亂從小來也。」

大工程先從基礎做起。困難事先從容易處下手。這是古今以來處理事務的原則。貪心不足蛇吞象，就難有成就。聖人是聰明人，他從小處，容易處著手，而「不爲大」。經過日積月累，功到自然成。難事已解，故能完成其大目標而「成其大」。故「不爲大」是手段和方法。「成其大」是目的。

6.夫輕諾必寡言，多易必多難，是以聖人猶難之，故終無難矣。

河上公注：「輕諾必寡信，不重言也。多易必多難，不愼思也，聖人動作舉事，猶進退重難之，欲塞其源。」

「輕諾」是隨便答應別人的要求，未考慮做得到或做不到，故很容易失信於人，令人感到少誠意少信用。此亦怨之所由生也。

「多易」，多，謂過分、過度。易，謂輕視之。漢書王嘉傳：「吏民慢易之。」由於過度的看輕事務，認爲沒什麼大不了的，故必定遭遇困窘。

「難之」之難字通戁，作恐懼，憂患解。荀子君道篇：「君子恭而不難，敬而不鞏。」

是以聖人都還恐懼這「輕諾」「多易」的後果呢！所以處處小心，最後也就不會遇到困難了。

語譯：

實施無爲的政策，從事無事的原則，體會其恬淡的精神。不論是給人的恩惠大，而回饋的小；或是付出的多，而回收的少，都應該以恩德來化解其怨氣。以免釀成大的怨仇。所以計劃難事應從容易處著手。做大事業應該從小處開始。天下的難事都從易處下手，天下的大事業必從小地方開端，所以聖人不好高騖遠以求其大，故終能完成其大事業，至於隨便承諾別人的人，必定是少有信用的人。過分輕視事務不專注於工作者，必定遇到很多困難。所以聖人都還恐懼擔心這「輕諾」和「多易」的做法不可爲。故終於不會遇到困難。

第六十四章　其安易持

其安易持，其未兆易謀，

其脆易泮，其微易散。

為之於未有，治之於未亂。

合抱之木，生於毫末；
九層之臺，起於累土；
千里之行，始於足下。
為者敗之，執者失之。
是以聖人無為故無敗，無執故無失。
民之從事常於幾成而敗之。
慎終如始，則無敗事。
是以聖人欲不欲，不貴難得之貨；
　學不學，復眾人之所過，
以輔萬物之自然，而不敢為。

【釋　義】

1.其安易持，其未兆易謀，其脆易泮，其微易散。

本章仍是延續前章，對「圖難於其易，爲大於其細」作進一層的闡述與發揮。

河上公注：「治身治國，安靜者易守持也。情欲禍患，未有形兆時易謀正也，禍亂未動於朝、情欲未見於色，如脆弱易破除。其未彰著，微小易散去也。」

此四者在言現實界的一些物理現象，進而引伸爲處理事物的方法和原則。

「兆」是預兆和徵候。

「脆」是脆弱、鬆嫩、薄弱。說文:「小而易斷。」

「泮」者,散也,融解也。詩邶風匏有苦葉:「迨冰未泮。」此字河上公本作「破」。傅奕本作「判」。王弼本作「泮」。皆義近,今從王本。

此謂在事物安靜時,易於掌控。在他未有預兆之前,容易圖謀防範。脆弱的容易融解,微細的容易散失。

2. 爲之於未有,治之於未亂。

王弼注:「爲之於未有:謂其安未兆也。治之於未亂:微小易散去也。」

「爲之於未有」,謂在任何事故未發生前,預爲警戒防範,先作處理,使其消滅於無形。

「治之於未亂」,引至治國理政。對禍亂未發生前,即預爲規劃處理,消除其亂因,使禍亂不致發生。

3. 合抱之木,生於毫末;九層之臺,起於累土;千里之行,始於足下。

「毫末」,毫毛的末端,言其微小。

「累土」,堆積之土;如「累土爲山」等。

「足下」,原爲稱對方之敬辭,「始於足下」意爲由你腳下一步步的開始踏出去。

此亦是圖難於易,爲大於細之義。

4. 為者敗之，執者失之。是以聖人無為故無敗，無執故無失。

「為者敗之，執者失之。」此二句曾見於二十九章。是以馬敘倫謂：「為者兩句為二十九章文，此重出。是以兩句乃二十九章錯簡。」因而有人主張將此二句刪去。如果這兩句被刪，那麼下面聖人兩句亦應刪。否則「無為」「無執」則前無所承。

實則此二句在二十九章，前面還有一句「天下神器不可為也。」蓋「神器」者乃帝王之寶座也。是大而難得者也。老子重複引伸，有為則有敗，有執則有失，而省去上一句耳。

5. 民之從事常於幾成而敗之。慎終如始，則無敗事。

「幾成」，是幾乎差不多要成功了。

河上公注：「終當如始，不當懈怠。」

韓詩外傳：「官怠於有成，病加於小愈，禍生於懈惰，孝衰於妻子。察此四者，慎終如始。」

書旅獒：「為山九仞，功虧一簣。」

「為者敗之」，有為有敗，但非必然一定失敗，為避免失敗，必須小心謹慎，詳加計劃，慎終如慎始，庶幾可免失敗也。

6. 是以聖人欲不欲，不貴難得之貨。

「欲不欲」，是要令人不有欲望，然而欲也可分可欲與不可欲。呂坤呻吟詩：「天欲不可無，人欲不可有。天欲公也，人欲私也。」難得之貨是人欲也。

王弼注：「好欲雖微，爭尙爲之興，難得之貨雖細，貪盜爲之起也。」

7. 學不學，復眾人之所過。

「學不學」，謂學習著不要效法學習他人。以順乎自然。

「復衆人之所過」，謂重複一般人所犯過的錯誤。

8. 以輔萬物之自然而不敢爲。

王元澤曰：「輔自然者，莊子所謂反以相天是也。爲之，則以人滅天矣！」

聖人順應自然之演變，而輔萬物之化育，故不敢有所做爲去擾亂它。

語譯：

事物在安靜時易於掌控。在未有徵兆前容易謀劃。脆弱的容易融解，細微的容易散失。要在問題未發生前預作準備。要在未釀成禍亂前加以處理。合抱的樹木，是從細小的種子發育長成，九層的樓臺，要從累積的泥土而建起。千里之遠行，要從你腳下一步步的開始走去。所以爲大爲難會失敗，持大持難也易喪失。是以聖人順應自然之化而無做爲，故無失敗。他不執著掌控一切，故無喪失。人民在做事時，往往快要成功時，卻竟然失敗了。如果能在結尾像開始時一樣的謹愼，那就不會有失敗的事了。所以聖人希望人們不要有什麼欲求。不要重視那稀有難得之物。更要學著不要效法重複一般人所犯的過失。他要順應自然之演變，輔佐萬物之化育，不敢有所作爲去擾亂它。

第六十五章 古之善爲道者

古之善為道者，非以明民，將以愚之。
民之難治，以其智多。
故以智治國，國之賊；不以智治國，國之福。
知此兩者，亦稽式。
常知稽式，是謂玄德。
玄德深矣，遠矣！
與物反矣，然後乃至大順。

【釋　義】

1. 古之善爲道者，非以明民，將以愚之。

王弼注：「明謂多見巧詐。蔽其樸也。愚爲無知守眞，順自然也。」

「善」者，善長，很能，很會也。

「爲道」，爲，是運用。道，指治國的方法。

「明民」，明謂精明機巧，令民多巧詐。

「愚之」，乃使民返樸還眞，純厚不澆薄。非所以愚弄人民使之贛然無知也。此謂上下皆不用智也。

2.民之難治，以其智多。

此處之「智」非是正面的智慧聰明。而是作僞的方法、巧詐的手段、虛假不實的蒙騙等，此種情形如多、故難治也。社會知識的普及，文明科技的進步，固然有助於巧詐盜竊技術之提高，然人心不古，道德淪喪，人欲難填是其主因。

3.故以智治國，國之賊。不以智治國，國之福。

王弼注：「而以智術動民，邪心既動，複以巧術防民之僞。民知其術，防隨而避之，思惟密巧，奸僞益滋。」

智既是作僞、巧詐，矇騙等。如國君以此權術爭權奪利，中飽私囊，公器私用，非賊亦盜。上下交用智，國何以安，故不以智治國，國之福也。

4.知此兩者，亦稽式，常知稽式是謂玄德。

「兩者」，指「以智治國」及「不以智治國」。

「稽式」，猶楷式，准則，法式。河上公本作「楷式」。

謂知道此二者，亦可作爲一種法式，即以智治國後果如何，不以智治國後果又如何；見此可足以驚惕，亦所謂無爲的玄德之治，即生而不有，爲而不恃，長而不宰之治。（五十一

章）

「常」字，傅奕本作能。

可見「將以愚之」的愚。是守眞順乎自然，上持玄德下守純樸的愚，而非燔書坑儒的愚民政策。

5. 玄德深矣遠矣！與物反矣，乃至於大順。

「玄德深矣遠矣。」此言玄德之理「微妙玄通，深不可識。」（十五章）幽潛微妙至極。蘇轍老子解：「凡遠而無所至極者，其色必玄。故老子常以玄寄極也。」又沈一貫老子通：「大道之妙，非意象形稱之可指。深矣、遠矣、不可極矣，故名之曰玄。」而五十一章乃言玄德之用。

「與物反矣」，謂與一般事物之情理相反。所謂「反者道之動」。（第四十章）「大順」，即自然。林希逸云：「大順，即太初自然之理。」又司馬光注：「物情莫不貴智，而有玄德者獨賤之。雖反於物，乃順於道。」

此言玄德之理深遠莫測。雖與一般物情相反，但是其與道爲一，順合於自然之常理也。

語譯：

古代善於運用治國方法的人，不是要人民精明機巧，而是要人民返樸歸眞，淳厚若贛。人民所以不易治理，乃是他們詐僞巧騙的手段花樣多。所以國君也以詐僞巧騙治國那就是國家的禍首，殘害國家的人。如不以此手段治國，就能爲國家帶來幸福。知道用此與不用的兩種後果時，即可有了取捨的標準。經常的瞭解並運用這準則，即可稱之具有玄德之人。玄德是那麼深遠無極，看來雖與物情相反，但仍是與道爲一，順乎自然合於常理的。

第六十六章 江海所以能爲百谷王者

江海所以能為百谷王者，以其善下之，故能為百谷王。是以欲上民，必以言下之；欲先民，必以身後之。是以聖人處上，而民不重；處前，而民不害。是以天下樂推而不厭。以其不爭，故天下莫能與之爭。

【釋 義】

1. 江海所以能爲百谷王者，以其善下之，故能爲百谷王。

「百谷」，百，言其多也。谷，爲山澗，水流之谷地。

「王者」，謂衆所歸服而趨向者。河上公注：「江海以卑，故衆流歸之，若民歸就王。」

江海地處低窪，水性趨下，故各地水流歸向之。此老子以江海喻修道之聖王，虛能容物，可納萬流而不溢，處下虛己，至公無私，故能爲百谷所趨向，而歸之。釋憨山云：「此教君天下者，以無我之德，故天下歸之，如水之就下也。百川之水不拘淨穢，總歸於海，江海能容納之，以其善下；此喻聖人在上，天下歸之，以其無我也。」

2. 是以欲上民，必以言下之；欲先民，必以身後之。

聖人得天下而治之之時，以所居地位而言，本來就在萬民之上；以身之貴賤而言，本來就在人民之先。然竟以孤寡不穀自稱。人民益服其德而上之。此以言下之也。處無爲之治，行不言之教。不得已而爲之，迫而後動，威而後應，一切以人民福利爲先，此所以身後之也。下之則民上之；後之則民先之。這就是老子的：「反者道之動，弱者道之用」也。（四十章）

3. 是以聖人處上，而民不重；處前，而民不害。是以天下樂推而不厭。

聖人處上位，行不言之教，處無爲之事，具「生而不有，爲而不恃，長而不宰」之玄德。不失民時，不勞民力。一如帝王世紀中擊壤之歌云：「日出而作，日入而息；鑿井而飲，耕田而食；帝力於我何有哉！」所以聖人在上，對人民不是負擔，故不重。處前對人民生活無妨礙，故無害。是以天下人民樂於推崇他，且何厭之有？

4. 以其不爭，故天下莫能與之爭。

「爭」就是爭權奪利，爲一己之名譽，富貴而爭。所以「爭」就是有爲，不能謙下虛己。

然具有玄德之人「以言下之」，「以身後之」，謙虛容物，卑下容辱。如大禹王之「勞身焦思，居外十三年，過家門不敢入。薄衣食，致孝於鬼神。卑宮室，致費於溝減。」（史記夏本紀）如此聖王，天下又有誰與之爭。且堯讓天下予許田，許由還不接受呢！（莊子逍遙遊）

語譯：

江海之所以能成爲衆多山谷水流之王，而歸之於它。就因爲江海常處於低下之處。所以才能爲衆多山谷之水流所趨向。因此要治理國家，在人民之上，必須在言語上謙恭自卑。要領導政教在人民之前，必須把自身的利害放在後面，一切以人民爲先。所以聖王實際雖在上位，人民卻沒有壓力負擔；雖然事事在先，人民也沒有感到受妨害。因之天下人都樂於推崇擁護他，而不會厭棄他。這乃是由於他不與人民爭利，天下之人也不會與他爭王位了。

第六十七章　天下皆謂我道大

天下皆謂我道大，似不肖。

夫唯大，故似不肖。

若肖，久矣其細也夫。

我有三寶，持而保之。

一曰慈，二曰儉，三曰不敢為天下先。
慈故能勇，
儉故能廣，
不敢為天下先，故能成器長。
今舍慈且勇，舍儉且廣，舍後且先，死矣！
夫慈以戰則勝，以守則固。
天將救之，以慈衛之。

【釋　義】

1. 天下皆謂我道大，似不肖。

「我道大」謂我所修習之道，非常偉大。

「不肖」不似也，不賢也。說文：「肖，骨肉相似也，不似其先故曰不肖。」故對父母常自稱不肖或不肖男。又禮中庸：「賢者過之，不肖者不及也。」故此處應譯作「無以倫比。」

此謂天下皆以爲我所修之道很偉大，似乎無與倫比。

2. 夫唯大，故似不肖，若肖，久矣其細也夫。

第二十五章「字之曰道，強爲之名曰大。」

呂氏春秋大樂：「道也者，視之不見，聽之不聞，不可爲狀。有知不見之見，不聞之聞，無狀之狀者，則幾於知之矣。道也者，要精也。不可爲形，不可爲名，強爲之名，謂之大一。」

「久矣」，莊子大宗師：「且夫物不勝天久矣！」之久與之同義。

「細」者，瑣屑，藐小，不重要。

就因爲他太大，所以無與倫比。若有可比擬者，長久以來它就藐小不重要了。因爲物有成有毀，而道則無。

3. 我有三寶，持而保之。一曰慈，二曰儉，三曰不敢爲天下先。

「慈」本指父母的愛，引伸之憐愛亦曰慈。新書道術：「親愛利子謂之慈也。」又「惻隱憐人謂之慈」。左傳文公十八年：「宣慈惠和。」孔穎達疏：「慈者，愛出于心，恩被于物也。」

「儉」者，儉約、節省，貧乏、不豐也。

老子的三寶即是爲人處世的三寶。「慈」是對人而言，「儉」是需內外兼修、對人對己而言。「不敢爲天下先」純爲修己而言。老子第七章「是以聖人後其身而身先。」第六十六章：「欲先民必以身後之。」故莊子於天下篇謂老子曰：「人皆取先，已獨取後。」

4. 慈故能勇，儉故能廣，不敢爲天下先，故能成器長。

「器長」者，才能之領導者，即官長也。

韓非解老：「慈母之於弱子也，務致其福；務致其福，則事除其禍；事除其禍，則思慮熟；思慮熟，則得事理；得事理，則必成功；必成功，則其行之也不疑；不疑之謂勇。……不疑生於慈。」有慈母見孺子溺於水，奮不顧身，投水而救之，此即所謂慈能勇也。

韓非解老：「智士儉用其財則家富。聖人愛寶其神則精盛。人君重戰其卒則民衆。民衆則國廣。」故物儉而積之、其用則廣。

聖人依循自然，清虛謙卑而後其身。生而不有，爲而不恃，長而不宰。德被萬物，民感而趨之，歸而服之，故能爲其官長，作爲領導人。

5.今舍慈且勇，舍儉且廣，舍後且先，死矣！

「舍」同捨。「且」王弼注：「取也。」捨慈而取勇，是一種暴力。捨儉而取廣，造成入不敷出的困乏。捨後而取先，是爭先恐後，強出鋒頭，則多是非，必走向無歸之路。

6.夫慈以戰則勝，以守則固。天將救之，以慈衛之。

河上公注：「夫慈仁者，百姓親附，並心一意，故以戰則勝敵，以守則堅固。天將救助善人，必與慈仁之性，使能自當助也。」

三寶之中以慈爲重心。慈是憐愛，有悲天憫人之心。用之物可不浪費，故能儉。用之於人民，則民胞物與，不爭無私無己，不敢爲天下先。人民肯捨命爲國，故戰則勝，守則固。是以天將欲救助此人，必賦予慈善之性，愛人及物以自助也。

語譯：

天下之人，皆認爲我所修習的道太大了。大得似乎無與倫比。就因爲它大，所以無物比擬。如若有物可以比擬的話，它早就藐小的不重要了。我爲人處世有三件法寶，經常秉持而保有它。一是慈、二是儉、三是不敢爲天下先。因爲有慈愛之心，故能勇敢；有節儉之德，故能用途廣泛；不敢爲天下之先導，故能成爲人們的官長。如果今天捨去慈愛，只取勇敢的暴力；捨去儉德，只取多種用途的浪費；捨去謙德，而去爭先強出鋒頭。那就走上不歸路了。三寶之中慈愛爲重心。有憐憫之心，戰可以勝利，守可以堅固，人民皆願效力。上天如要救助一個人時，必定賦予他慈愛之心。使他能以自救自助。

第六十八章　善爲士者不武

善為士者不武，
善戰者不怒，
善勝敵者不與，
善用人者為之下。
是謂不爭之德，
是謂用人之力，

是謂配天古之極。

【釋義】

1. 善爲士者不武。

河上公注：「言貴道德，不好武力。」

「士」者，說文注：「通古今辨然否之士，而能任事之人。學以居位曰士。」後漸爲讀書人之通稱，非必爲武士也。此處言修道之士。

「武」者，以威力服人皆曰武。

此言善於修道之人士，以謙恭虛靜之德自守，不以威力服人也。

2. 善戰者不怒，

王弼注：「後而不先，應而不唱，故不在怒。」

「怒」爲氣憤也。凡強盛勁急多稱怒。怒時氣血沸騰，衝動盲撞，失去理智，欠缺冷靜，不顧利害一洩爲快，其結果無不敗事。此善戰者所不取也。

3. 善勝敵者不與

「與」者，敵也。有對待、對付，參與之意。史記燕世家云：「龐煖易與耳。」

河上公注：「善以道勝敵者，附近以仁，來遠以德，不與敵爭，而敵自服也。」

此所謂兵不血刃，不戰而屈人之兵，爲用兵者之上策也。

4.善用人者爲之下。

河上公注：「善用人自輔佐者，常爲人執謙下也。」「爲之下」，河上本作「爲下」，其意無差。「下」者，退讓，屈己以尊人也。此所謂善用人者，能禮賢下士也。

5.是謂不爭之德，是謂用人之力，是謂配天古之極。

河上公注：「是乃不與人爭之道德也，能身爲之下，是謂用人臣之力也。能行此者德配天地，是乃古之極要道也。」

「不爭之德」，即是謙讓之德。能不武，不怒，不與而願爲之下，即是不爭。不爭則「附近以仁，來遠以德。」受其德之感召，「敵人自服」。能化敵爲友，以增我之力，而爲我用，是謂用人之力。

「配天古之極」，依尚書堯典注：「古，天也。」是則天即古，古亦天也。應作「配古之極」或「配天之極」。（說見俞樾古書疑義舉例。）

「極」者，中正之義。詩大雅江漢：「匪疚匪棘，王國之極。」箋云：「極，中也。」「配古之極」，言其德可以配於天之中正大道。是乃修養之最高境界也。

語譯：

善於修道之士，絕不以武力服人；善於戰鬥的武將，冷靜而不憤怒；善於戰勝敵人的最好方法，是不參與戰爭，能不戰而屈人之兵；善於運用別人專才的人，要能謙恭屈己以尊人。

這就是所謂不與人爭執的美德，所謂借用人之力，以增加己之力；所謂修道之士，其至德能合於天地中正之道。

第六十九章 用兵有言

用兵有言：

吾不敢為主而為客，

不敢進寸而退尺。

是謂行無行，攘無臂，

扔無敵，執無兵。

禍莫大於輕敵，輕敵幾喪吾寶。

故抗兵相加，哀者勝矣。

【釋　義】

1. 用兵有言：

「用兵」征戰也，與用武同義。「用兵有言」，只是征戰之常用語也。非必引自兵書。

2.吾不敢為主而為客，不敢進寸而退尺。

呂吉甫曰：「何則，主逆而客順，主勞而客逸。進驕而退卑，進躁而退靜。以順待逆，以逸待勞，以卑待驕，以靜待躁，皆非所敵也。道之常出於無為，故其動常出於迫，而其勝常以不爭，雖兵亦由是故也。」

「主」是指主動挑釁，發動戰爭。「客」是指被動，靜以觀變，伺機而動，以逸待勞。然而在孫子兵法第十一章九地云：「凡為客之道，深則專，主人不克。」客謂在敵境內作戰，我為客，敵為主。書此供參考。

「不敢進寸而退尺」，謂不為寸土作大犧牲。以後退保全實力，誘敵深入以驕敵。伺機而動以反擊之。此皆「忍讓」「戒戰」之延伸。

3.是謂行無行，攘無臂，扔無敵，執無兵。

此是接上句之「為客」「退尺」而言。

「行無行」，第一個行字為動詞，謂行軍，行動而言。第二個行字是指「行跡」。謂軍隊行動不露行蹤。調動神祕令敵莫測。

「攘無臂」，攘臂之義，在捋袖伸臂，振奮發怒的樣子，而攘無臂則是雖捋袖而不見伸臂。乃蓄勢待發，伺機而動也。

「扔無敵」，扔，是牽引，拉扯的意思。此謂主動誘導敵人，而不作直接衝突。此敵字作動詞用。

「執無兵」，執，有二解：一爲選擇也。見禮記樂記：「請誦其所聞，而吾子自執焉。」一爲控制也。見淮南子主術：「人主之所以執下。」注：「執，制也。」

故「執無兵」，乃選擇敵人兵力薄弱，或無兵防守之處予以制之。

4. 禍莫大於輕敵，輕敵幾喪吾寶。

「輕敵」所帶來的禍患，除戰爭失敗，傷亡殘重外，甚或國破家亡。

「寶」者，指六十七章之「一曰慈，二曰儉，三曰不敢爲天下先」所言之三寶。而慈亦可以涵蓋其他二寶。殺戮過重，喪國傷民，有違慈道也。

5. 故抗兵相加，哀者勝矣。

「抗兵」抗者同亢。故抗兵謂士氣高昂之軍隊。

「相加」，王弼注：「加，當也。」謂彼此相當。

「哀者勝矣」，王弼注：「哀者必相惜，而不趨利避害，故必勝。」

是謂士氣及兵力相當之兩軍對壘，侵略者以幸災樂禍之心，而被侵略者充滿悲憤之情，兩者相較被侵略者奮戰必勝，蓋「爲客」「退尺」皆是不得已之舉；而被迫應戰是受侵略者的反抗，故必勝也。

語譯：

善於用兵的人常說：「我不敢主動挑起戰爭，而只被動應戰；我不願強爭寸土以犧牲，而欲退讓保全以俟機。」這就要行軍不露行跡，蓄勢待發以應敵變，誘敵而不與之直接衝突，控制其防守薄弱之處。要知最大的禍患，莫過於輕敵，一旦輕敵，就會喪失所持的三寶。兩軍對壘，士氣兵力相當，而具有悲憤心情的一方必會得到勝利。

第七十章 吾言甚易知

吾言甚易知，甚易行。
天下莫能知，莫能行。
言有宗，事有君。
夫唯無知，是以不我知。
知我者希，則我者貴。
是以聖人被褐懷玉。

【釋義】

1. 吾言甚易知，甚易行。天下莫能知，莫能行。

王弼注：「可不出戶，窺牖而知，故曰甚易知也；無為而成，故曰甚易行也；惑於躁欲，故曰莫之能知也；迷於榮利，故曰莫之能行也。」

老子所言在令人修習永恆的天道。一切順乎自然。致虛守柔，以退爲進，與世無爭，寬容仁慈，是一種實踐的哲學，著重在行。是一種自然之理。故易知而易行。然而老子以五千言，概述天道、人道、物理、修養等。實有令人感到「言猶未盡，意猶未了」之嘆。或是「書未盡言，義猶未終」之憾。且以其版本衆多，文內假借字亦多，令人莫終一是，加以人之利欲薰心，爲名所困。故莫能知莫能行。此雖非盡爲老子此文之本意，然實亦今日讀老者所共病者也。

2. 言有宗，事有君。

「宗」者，人所歸往曰宗。此言「宗旨」，謂其言有正確之意指也。

「君」者，尊也，群也。群下之所歸心者也，故謂「王」。

此謂其所言，有正確之意指，所事有其重心和主見。

3. 夫唯無知，是以不我知。

此句是承上面「莫能知，莫能行」而言。蓋「莫能知」即是「無知」。而「不我知」即「不知我」的倒裝句。

此言就是因爲人們對我的理論不能明白通曉，所以對我個人的行事做法也不瞭解了。

4. 知我者希，則我者貴。

「希」是少的意思。河上公注：「希，少也。」

「則」字在此如作轉折語的連接用詞時，此句便不易解了。蓋「知我」與「則我」是對等的。「知」是動詞，「則」也應該是動詞。論語泰伯：「巍巍乎唯天爲大，唯堯則之。」謂堯以天爲法也。故「則我者」亦即以我爲法也。

此謂既然瞭解我的人很少，那麼能以我爲法而修道者，便難能可貴了。

5.是以聖人被褐懷玉。

「褐」粗布衣也。孟子滕文公：「許子衣褐。」注：「枲衣也，一曰粗布衣也。」枲（ㄒㄧˇ），麻也。古時賤者衣褐，故亦稱寒賤之人曰褐。左傳哀公十三年：「余與褐之父睨之。」

「被褐懷玉」猶言懷寶深藏不露也。珠玉之寶，人人欲得之。內懷寶玉、而被之以褐，亦猶財不露白，不欲人知也。

語譯：

我所說的這些道理，非常容易懂，也很容易實行。可是天下的人，卻沒人知道，沒人能實行。我所說的話都正確有意指的，所做的事都有重心和主見的。也就是因爲天下人對我所說的不知道，所以對我也就不瞭解了。既然瞭解我的人很少，那麼能以我爲法而修道的人，便難能可貴了。是以聖人珍惜這修道之法，所以深藏而不露了。

第七十一章 知不知

知，不知，上；
不知，知，病。
夫唯病病，是以不病。
聖人不病，以其病病，是以不病。

【釋 義】

1.知，不知，上。

第一知字應作「覺」字解。公羊傳宣六年：「趙盾知之。」注曰：「由人曰知之，自己知曰覺。」呂氏春秋情欲：「而終不自知。」注：「猶覺也。」

知識是浩瀚無涯的。雖窮畢生之力去探討，所知也是有限。即便是對某方面非常專精，也只是部份的知，不知者遠比所知多。但人若在其學問知識累積到某一程度，使其學問和知識昇華到道德境界時，那麼他知道的愈多，而愈感到自己所知是那麼貧乏。與浩瀚無涯的學海相比，又是那麼渺小。實乃涵養達到了上乘境地。所以莊子說：「故知止其所不知，至矣！」（齊物論）故能覺悟自己的無知，乃是上等之人。

2. 不知，知，病。

「病」者，有瑕疵，毛病、短欠、不滿等解。

此與前句正相反。謂不自知自己之無知，而強以爲知，以炫耀自己的知，這是一種毛病和弊害，故

王弼注：「不知知之不足任則病也。」

河上公注：「知道言不知，是乃德之上也。不知道言知，是乃德之所病。」而且所知也不見得是眞知。所以莊子齊物論：「庸詎知吾所謂知之非不知邪！」這也犯了不謙虛不誠信的毛病。

3. 夫唯病病，是以不病。聖人不病，以其病病，是以不病。

王弼本，河上公本及其他諸本皆如此。唯太平御覽疾病部引用此文作「聖人不病，以其病病。夫唯病病，是以不病。」文詞簡潔較優，宜從余培林先生意見改之。

河上公注：「夫聖人懷通達之知，託於不知者。欲使天下質朴忠正，各守純性。小人不知道意，而妄行強知之事以自顯。內傷精神，減壽消年也。」

聖人與天地合德，日月合明，四時合序，鬼神合吉凶。（白虎通）故其無此瑕疵和毛病。

這也是由於他的時刻警惕擔憂有此毛病。就因爲他的時刻警惕，所以他才無此毛病和弊害。

語譯：

覺悟到自己所知的是那麼無知渺小；這已具備上乘德性了。不自知自己的不足，而強以爲知，以炫耀於世，那就是一種毛病和弊害。聖人所以無此毛病，乃是他時刻警惕擔心有此毛病。就因爲他能時刻警惕，所以他就沒有這毛病而成爲聖人了。

第七十二章　民不畏威

民不畏威，則大威至。
無狎其所居，無厭其所生。
夫唯不厭，是以不厭。
是以聖人自知不自見，自愛不自貴。
故去彼取此。

【釋　義】

1. 民不畏威，則大威至。

「威」者，是指暴政下的刑罰與律令。人民如不怕嚴刑律法，常以身試鋌而走險，則暴君必定以嚴刻的高壓手段來懲治人民。故大威至。上下兩威字的承受主詞皆爲人民。

2. 無狎其所居，無厭其所生。

「狎」者，王弼本作「狎」。河上公本作「狹」。二者音同相假。「狎」者，親近也。如禮曲禮：「賢者狎而敬之。」本章皆是站在主政者之立場而立言。是以「無狎其所居」。「其」是指人民。謂主政者未能親近人民的生活圈所居之處。不能親民，故不知民間疾苦。

「厭」字在此有二解：一通猒，俗作饜。飽也，足也。見左傳隱元年：「姜氏何厭之有。」一爲服也，信服也。見漢書景帝紀：「而於人心不厭者。」所以「無厭其所生」，可解作不能滿足人民生活之需求，令人民食不果腹，衣不遮體，民不聊生也。

3. 夫唯不厭，是以不厭。

前一「厭」字作滿足之解；後一「厭」字作信服解。

就因爲不能滿足人民生活的需求，所以人民對國君就不能信服（故而反抗）。

4. 是以聖人自知不自見，自愛不自貴。

五十七章老子說：「我無爲而民自化，我好靜而民自正，我無事而民自富，我無欲而民自樸。」而且要「處上而民不重，處前而民不害」（六十六章）。何況「不自見故明，不自是故彰」（二十二章）呢？本章前言都與此相反。所以聖德之主，自己修養自己的知性，而不自我表現。自我愛惜修養，而不炫耀權勢以自尊貴。

5. 故去彼取此。

「彼」是指自見，自貴而言。「此」是指自知，自愛而言。

語譯：

人民如不畏懼暴政的刑獄律令，那麼更爲殘酷的嚴刑竣罰就會來臨。君主不去親民採知民間疾苦，且不能滿足人民衣食生活之所需，由於不能滿足，所以人民才會不信服政府，所以聖德之主能明於自知，而不自我炫耀權勢。愛惜自己而不自我尊貴凌駕衆庶。職是之故，他捨棄「自見」與「自貴」，而採取「自知」與「自愛」的修養。

第七十三章　勇於敢則殺

勇於敢則殺，勇於不敢則活。

此兩者，或利或害，

天之所惡，孰知其故？

是以聖人猶難之。

天之道：

不爭而善勝；

不言而善應；

不召而自來；

繟然而善謀。

天網恢恢，疏而不失。

【釋 義】

1.勇於敢則殺，勇於不敢則活。

「勇」是致力，勇猛，有膂力膽氣過人者。

「敢」是無所畏懼，果敢勇爲者。

「勇於敢則殺」，謂有膽氣果敢有所作爲者則會死掉。故這個「勇」是有些衝動的勇。這個「敢」是有些逞強，強出頭的敢。

「勇於不敢則活」，不敢並非不能。而是有理智的分析利害得失之後，能忍辱負重的接受，卻不敢有所作爲。這需大勇氣大智慧故能活。

2.此兩者，或利或害，天之所惡，孰知其故？

「敢」與「不敢」此二者，有的有利，有的有害。且敢者不一定是死路，而不敢者亦難確保活命。上天對此二者，何者爲其所喜，何者爲其所惡，誰又能知道其中的緣故呢？

此處之天並非神明主宰之天，而是言自然律。

3.是以聖人猶難之。

子曰：「天何言哉！四時生焉，百物生焉，天何言哉！」（論語陽貨）天既不能表達其

意見，令人難測其意圖。是以聖人猶難辨其孰利孰害。故

王弼注：「聖人之明，猶難於勇敢。況無聖人之明，而欲行之也。」

聖人與天地合其德，上體天道。天雖不言，然可從其四時之運行，與萬物之生養中去體天意。愼重將事，雖感其難作抉擇，但天有好生之德，天意仍有脈絡可尋。只是難而已，並非不可能。

4.天之道：不爭而善勝。

此承上文，天雖不言，難知天意。但從天道自然的運行中，其發生的一些現象，即可窺知。「天之道」是自然界之理。天道運行順乎自然，處虛守靜，因其無爲故不與人爭。又以其無不爲，故莫之能勝。

5.不言而善應。

王弼注：「順則吉，逆則凶，不言而善應也。」

天雖不言，其理永存。順理而行則吉，逆理而行則凶。譬如稼穡，及時播種施肥，則春生夏長秋收冬藏矣。逆其時播種，則不生不長。吉凶在於順逆，故其應之若響。

6.不召而自來。

王弼注：「處下則物自歸。」這只是形容其能自來，而不是說天道必須處下。蓋「日月迢遞，四時代御」（荀子天運），及時而至，未至其時，即呼之亦不來也。

7.繟然而善謀。

「繟」字一般字書不載。說文：「繟，帶緩也。」集韻：「繟，音鋋，繟聯不絕貌。」而河上公注：「墠，寬也。」釋文：「墠，本作壇。」集韻：「墠、寬也。」繟與墠音義皆通。

此言天道寬緩穩健，而為萬物謀劃，無偏無遺。萬物之生化運作，皆不出其所算。

8.天網恢恢，疏而不失。

法網求密，巨細靡遺。而天網者即天理也。天網無形、理充天地。「恢恢」者，言其大而無所不包也。「疏」者，不密也。以其充斥天地間故曰大，以其無形故曰疏。

天道「善勝」「善應」「自來」「善謀」，故順之則善則吉，逆之則惡則凶。故天網雖是宏大，但無漏失也。

語譯：

有膂力膽氣，敢於作爲者是死路，有勇氣敢於不爲者是生路。「敢」與「不敢」這兩者，有時得利，有時受害。上天所不喜歡的，究是那一項。誰又知道其原故呢？所以聖人還以困難，不敢輕忽。蓋自然之理，天不與萬物相事，而卻善於勝利：天雖不言，但對萬物之順逆其應驗如響，他不須召喚，屆時其運行自然而至，他穩健寬緩的爲萬物周全的謀劃。天網雖是那麼宏大無形，但寬疏卻無漏失的。

第七十四章　民不畏死

民不畏死，奈何以死懼之！
若使民常畏死，
而為奇者，吾得執而殺之，孰敢？
常有司殺者，殺。
夫代司殺者，殺，是謂代大匠斲。
夫代大匠斲者，希有不傷其手矣。

【釋　義】

1.民不畏死，奈何以死懼之！

人人皆畏死。然當其進則死，退亦死時，不得不死裏求生，鋌而走險。如秦時之陳勝（涉），吳廣爲戍守漁陽失期當斬。進退皆死。遂起兵抗秦。死已不足畏，則何事不可爲。再以死懼之。已失其成效。

2.若使民常畏死，而爲奇者，吾得執而殺之，孰敢？

「奇」者，謂特殊異常者，或不守常規者。王弼注：「詭異亂群者謂之奇也。」

俗語謂：「有錢人最怕死。」原因是其衣食無缺、富裕享受，且有天倫之樂。其對人世多有所留戀，故而畏死。若使人民均能安居樂業，生活安逸，兒孫繞膝，設若其中偶有亂群異常者，執而殺之以警效尤。則又有誰再敢違法。所以使民畏死，必須使其對人世有所留戀，不願割捨。如此以死懼之自當有效。否則若其饑無食，寒無衣，鰥寡孤獨病疾於人世無所留戀時，死又何足畏？甚而死即是解脫，且樂爲之。

3.常有司殺者，殺。

河上公注：「司殺者天，居高臨下，司察人過。天網恢恢，疏而不失也。天道至明，司殺者猶春生、夏長、秋收、冬藏。斗杓運移，以節度行之。」

「常」者，指常道，自然之道。「有司殺者」謂掌有生殺之權者。第二個「殺」是動作，謂實行生殺淘汰的工作。

4.夫代司殺者，殺，是謂代大匠斲。夫代大匠斲者，希有不傷其手矣。

河上公注：「人君欲代殺之，是猶拙夫代大匠斲木，勞而無功也。」

「斲」同「斫」，砍、斬、削也。

「大匠」者，謂手藝高明之工匠。孟子告子上：「大匠誨人，必以規矩。」

常道的生殺淘汰，是順應自然生化的規律。一如孟子所言：「大匠誨人，必以規矩。」故其工作平順，成品完美。「代司殺者」謂人君，以個人的好惡，而行生殺淘汰的工作，是如拙夫不依規矩行事，未能順應自然。技術拙劣，故很少有不傷害自己手掌的。意謂國君於其行殺戮暴行之時，很少不受到抗暴反抗，甚而君位不保，自身受到傷害的。即便是聖君賢相，雖慎重將事，亦難保其不失偏頗，有違上天好生之德者。

語譯：

當人民求生不得，生無可戀而不怕死時，怎麼可以再用死來威脅他們呢！假使人民能安居樂業，對生有所綣戀而怕死時，遇到有犯法亂群者，把他抓來處死，那又有誰敢再來犯法？自然的常道掌著生殺淘汰大權，而去進行生殺淘汰工作。而人君若要替代自然常道，去實行生殺淘汰工作，就像拙夫代替手藝高明的大匠去做砍削木器的工作一樣，那很少有不傷害到自己手掌的。

第七十五章　民之饑以其上食稅之多

民之饑，以其上食稅之多，是以饑。

民之難治，以其上之有為，是以難治。

民之輕死，以其上求生之厚，是以輕死。

夫唯無以生為者，是賢於貴生。

【釋　義】

1.民之饑，以其上食稅之多，是以饑。

「天災」「人禍」二者皆足以令民饑。然天災是一時的，如有積蓄當不至於死地。唯人禍最可畏。國君只求滿足個人欲求，不顧人民死活。暴征聚斂，罄其所有而取之。即便人民工作如何勤奮，亦難逃饑饉。老子所見亦僅周室王綱解鈕，諸侯力征的戰亂情形。實則歷代暴政犧牲者皆是人民。上行下效，征一索十，征十索百，層層剝削，民是以饑也。

2.民之難治，以其上之有爲，是以難治。

蘇子由曰：「上以有爲導民，民亦有爲應之，故事多而難治。」吳澄先生更深一層的將有爲釋作智術。所以他說：「上有爲以智術御其下，下亦以姦詐欺其上故難治也。」

上級廣設刑獄，密訂律條，以箝制百姓。人民則以變詐虛僞以應付。盜賊叢生，所謂「上有政策，下有對策。」陽奉陰違，上下其手，是以難治也。

3.民之輕死，以其上求生之厚，是以輕死。

呂吉甫曰：「甘其食，美其服，安其居，樂其俗，則奚至於輕死哉？而至於輕死者，非以其上生生之厚，故輕死耶！」

「輕死」之由」乃生生之難也。既求生不得，何惜一死耶。生生之難究其根源，乃在於其上，包括帝室及高級官吏，其自求生活之優裕、享受之奢華，必須廣征暴斂，加以層層剝削，慾壑難慎之故也。

4.夫唯無以生爲者，是賢於貴生。

「無以生爲者」，謂不要刻意的經理生生之事也。

「賢」者，勝過也，強似也。

此是本章的結語。也是對「其上」之忠告。既然民之饑、民之難治、民之輕死，皆是由其上之厚生。厚生必須厚斂，必須有爲。但其厚生之結果又如何呢？在外民難治，造成政治之混亂；民輕死，導致政權之毀滅。在內則造成目盲、耳聾、口爽、發狂、行妨（十二章）。不但不能長生長享，反而促其早亡。所以順乎自然，勿刻意厚生勝過貴生的。

語譯：

人民的饑餓，由於上位者稅收太多，人民才會饑饉。

人民的難治，由於上位的太多施爲，人民才難以管理。

人民不怕死，由於上位的過度享受，使民無以爲生故而反抗走險不惜生命，唯有居上位者順應自然，勿刻意過度厚養自己，是要比講求貴生強得多。

第七十六章 人之生也柔弱

人之生也柔弱，其死也堅強。萬物草木之生也柔脆，其死也枯槁。故堅強者，死之徒；柔弱者，生之徒。是以兵強則不勝，木強則兵。強大處下，柔弱處上。

【釋 義】

1.人之生也柔弱，其死也堅強。

這句話一般都譯作：「人活的時候，肌膚柔軟。當他死後則堅硬不能屈伸。」這是由於下句萬物草木之生死，而對照來的。然下句既稱萬物，人亦當爲萬物之一而包括在內。此地老子特意將人提出說明，自有其不同之處。所以這句話可譯作：

人在活著的時候，他爲了愛惜這個生命，外在他須要忍受無理的屈辱和痛苦；內在要注意起居飲食，有礙健康者不得飲用，不入亂國，不立危牆。顯得是那麼柔弱。可是當他於捨生取義，殺身成仁，捨此一步便無死所時，那種凜然不可一世，堅決赴死的意志，又是那麼的堅強。

2.萬物草木之生也柔脆，其死也枯槁。

萬物草木在活著的時候，水份充足，養分不缺，顯得那麼柔輭青脆。在它死了的時候，斷了養分、蒸乾了水份，顯得是那麼枯乾槀燥。

3.故堅強者，死之徒；柔弱者，生之徒。

「徒」者，謂所屬同類者。

是故堅強者，不論是赴義或枯槀，都屬於走向死路一類的，然而柔弱者，不管是委曲求全，柔輭青脆，卻都是活著的一類。

4.是以兵強則不勝，木強則兵。

列子黃帝篇引老聃曰：「兵強則滅，木強則折。」因之有人認爲「木強則兵」之兵字有誤，擬從列子書改爲折。如是則「不勝」亦應改「滅」了。實無必要。

「強」者，強盛，優越，好的等義。

蓋兵強則驕，驕則必敗。左傳僖三十三年春王孫滿言於王曰：「秦師輕而無禮，必敗。輕則寡謀，無禮則脫。入險而脫，又不能謀，能無敗乎？」

「木強則兵」，其兵字當作以兵器斧斤戕害或砍伐解。樹木長得很好很優越時，則常被砍伐。諸如：

莊子人間世：「宋有荊氏者，宜楸柏桑。其拱把而上者，求狙猴之杙者斬之；三圍四圍，求高名之麗者斬之；七圍八圍，貴人富商之家求樿傍者斬之。」

5.強大處下，柔弱處上。

這是一種正常的物理現象。譬如我們堆積物品，常把大而堅硬的東西放在下面；細小柔輭的放在上面。這樣才能穩固不倒，細小柔輭的也不致壓壞。老子引用這種現象，說明柔弱者常處於上，而強大者常處於下。以表示柔弱勝剛強。

河上公注：「大道抑強扶弱，自然之效也。」

語譯：

人在要活的時候，委曲求全，是那麼柔弱，在他赴義而死時又是那麼堅定。萬物草木，在其活著的時候，柔輭青脆。當它死後變得枯硬乾燥。故而堅強者是走向死途之一類，柔弱青脆者屬於活著的一類。所以軍隊強大者不易打勝仗，樹木優越者反易被砍伐。看來強大的常處於下，而柔弱的卻常佔上風。

第七十七章　天之道其猶張弓與

天之道其猶張弓與！

高者抑之，下者舉之，有餘者損之，不足者補之。

天之道，損有餘，而補不足；

人之道則不然，

損不足，以奉有餘。

孰能有餘以奉天下？唯有道者。

是以聖人，

為而不恃，功成而不處。

其不欲見賢。

【釋義】

1.天之道其猶張弓與！

「張」字本義爲弓上弦，與「馳」相對。故「張弓」即施弓弦也。引伸爲開弓射箭。白居易新豐折臂翁詩：「張弓簸旗俱不堪。」

「與」同歟。

此謂自然的天道運行，就像開弓射箭一樣呀！

2.高者抑之，下者舉之，有餘者損之，不足者補之。

開弓射箭對準靶布圓心，太高了壓低一些，太下了抬高一點，弦拉得太開、力量過大，應減少些。弓弦拉得不開、力道不夠，再補強一點。

3.天之道損有餘而補不足，

由前舉張弓之例，可見天之道是那麼廓然大公，毫無偏私。尚書大禹漢：「滿招損，謙受益，時乃天道。」

河上公注：「天道損有餘而益謙，常以中和爲上。」

4.人之道則不然，損不足以奉有餘。

由天道之公，以見人道之私。

河上公注：「世俗之人損貧以奉富，奪弱以益強也。」

生活中所常見到的現象，是政府壓榨那些已經缺衣無食的百姓，去供奉那帝室高官，使富者益富，貧者更貧。自古以來，歷代皆是如此，只是名稱和手段不同而已。

5.孰能有餘以奉天下，唯有道者。

所謂「有餘」，實在無有標準。如何才叫有餘。問題是在能否「知足」。不知足則永遠無餘。且有餘包括的不僅是財貨而已。舉凡無形的智能、技巧、學問也應在內。惟其能奉天下，才能如天道之公。一如禮記禮運大同篇所言：「故人不獨親其親，不獨子其子，使老有所終，壯有所用，幼有所長，矜寡孤獨癈疾者，皆有所養。男有分，女有歸。貨惡其棄其地也，不必藏於己；力惡其不出於身也，不必爲己。」如此才能叫「奉天下」，但此非一般人所能爲。

「有道者」，指有才藝，有道德修養之人。其敏于事，愼于言者庶幾可爲也。

6.是以聖人爲而不恃，功成而不處，其不欲見賢。

「爲而不恃」，本書所見有二章、十章、五十一章，及七十七章等處。

「功成而不處」一句與之意義相同，只是文字稍加變動者本書計有：

「功成而弗居」二章。

「功成身退」，九章，或作「功遂身退」。

「功成不名有」三十四章。

其中有講天道者，亦有講聖人者。蓋聖人聖德擬天故二者無別。聖人之道即天之道。

「見賢」之見字可有二解：一作「現」字解，謂表現出其賢德之貌。一作「被」或「受」字解。謂受人所稱其賢。如史記屈原賈生列傳：「信而見疑，忠而被謗。」

語譯：

天道運行就像開弓射箭般。對準目標，高則壓低些，下則抬起些，用力大則減少些，力道不足則補強些。天道就是這般，減去一些多餘的，補足一些不夠的。但人道卻不如是而是減損那些已經不足的，去供奉那些本就富裕的。又有誰能將有餘的來供奉天下人呢？看來只有修道有成的人才能做到。所以聖人德比天地。他爲天下而作爲，卻不驕大其所有，功業有了成就，卻不自居其功。他也不願天下人稱道他的賢能。

第七十八章　天下莫柔弱於水

天下莫柔弱於水，而攻堅強者莫之能勝。以其無以易之。

弱之勝強，柔之勝剛。天下莫不知，莫能行。

是以聖人云：

受國之垢，是謂社稷主；受國不祥，是謂天下王。

正言若反。

【釋　義】

1.天下莫柔弱於水，而攻堅強者，莫之能勝。以其無以易之。

王弼注：「水之柔弱，無物可以易之也。」

天下至柔莫若於水。刀不能裂，石不能傷，可以登高山，下九淵，無隙不入。而且水滴石穿，無堅不摧。山莊瞬間可夷爲平地，其柔弱無物可以替代，其勝堅強亦無可以取代。

2.弱之勝強，柔之勝剛。天下莫不知，莫能行。

馬敘倫以爲「不知」應作「能知」。並舉七十章：「天下莫能知，莫能行。」以資爲證。記此並作參考。

「柔弱勝剛強」之理，天下人莫不能知，惟事到臨頭忿忮填膺，如禮大學：「身有所忿懥，則不得其正。」及時早已忘其所應爲，必奮臂以抗爲快，故莫能行。

3.是以聖人云：受國之垢，是謂社稷主；受國不祥，是謂天下王。正言若反。

河上公注：「君能受國垢濁者，若江海不逆小流，則能長保其社稷，爲一國之君主也。君能引過自與，代民受不祥之殃，則可以王有天下，此乃正之言，世人不知，以爲反言。」

「垢」字應爲「詬」之假借。詬有二解：一言恥辱。如左傳哀二年：「除詬恥。」一言怒罵。見左傳哀八年：「曹人詬之。」是以「愛國之詬」謂承受全國的詬辱。如句踐。

「社稷主」，社是土神、稷爲穀神，爲天子諸侯所祭祀。古之有國者必立社稷以社稷之存亡，視同國家之存亡。故社稷主即言國主國君也。

「受國不祥」，承受國家之禍殃，一切罪歸於己。

「王」者，書大禹謨「四夷來王」孔傳：「四夷歸往之。」故「天下王」謂天下各地均來歸降服。

「正言若反」，謂本來是正直的話，但看起來好像是相反似的。例如一般人都認爲「寵爲上，辱爲下。得之若驚，失之若驚。」（十三章）。可是今天卻要「受國之垢」「受國不祥」。看來豈不是反常，但卻是不可移之眞理。

此章是以水爲喻，說明柔弱能勝剛強，進而言爲社稷主爲天下王者，必能受國之垢受國不祥，以爲王者之道。世俗之觀或似反常，但眞理是經實驗而得。

語譯：

天下之物沒有比水更柔弱的了。它可以攻強破堅，沒有能勝過它的，亦無可取代。弱能勝強，柔能剋剛，這道理天下人無不知曉，但卻沒人能做得到。所以聖人說：「能承受全國恥辱的可以做社稷主；能承受全國禍殃的，可以爲天下之王。」這是眞理正道，看來卻好像說反話似的。

第七十九章 和大怨必有餘怨

和大怨，必有餘怨。安可以為善？
是以聖人執左契，而不責於人。
有德司契，無德司徹。
天道無親，常與善人。

【釋義】

1. 和大怨，必有餘怨。安可以爲善？

王弼注：「不明理其契，以致大怨已至，而德和之，其傷不復，故有餘怨也。」
河上公注：「殺人者死，傷人者刑，以相和報。任刑者失人情，必有怨及於良人也。」
「和」者，有和解義。國策趙策：「故不若亟割地求和。」又有調和義。見禮檀弓：「竽笙備而不和。」
「大怨」者，深仇大恨也。
有深仇大恨，決非三言兩語可以和解。其種仇之深，涉及之廣，即使化解，其餘恨猶在。

和解並非最好的辦法。不若不要造成怨仇，至少也應在其未積怨成仇之前化解之。所謂：「其未兆易謀。」（六十四章）

2.是以聖人執左契，而不責於人。

「左契」，契是合同證券，左契即左券，古代契約分爲左右兩聯，雙方各執其一。左契即左聯，爲債權人所持有，常爲索償的憑證。亦用來比喻有充份保障的權利。史記田敬仲世家：「常執左券以責於秦韓。」

聖人具大德，仁民愛物。雖執左契爲債權人。但能體恤負債人之貧困，而不去逼討債務，令人更陷於困境。此所以和怨之道。如馮驩爲孟嘗君焚券市義，此孟嘗君所以能令薛民親，而有薛。

3.有德司契，無德司徹。

王弼注：「有德之人念思其契，不念怨生而後責人也。」

「司」者，掌管，司理也。

「徹」爲稅賦。周代的租賦制度。論語顏淵：「哀公問子有曰：年饑，用不足，如之何？有若對曰：盍徹乎！」何晏集解：「周法什一而稅，謂之徹。徹，通也。爲天下之通法。」故「司徹」者，爲掌管收徵稅賦之官。

司契者執左契以合符信而已。有德者可焚券不責於人，而司徹者是聽命上級，以規定行事。無德者無仁慈之心不管人民死活，按戶催討。杜荀鶴之時世行贈田婦詩說得好，他道：

「夫因兵亂守蓬茅，麻苧裙衫鬢髮焦。桑柘廢來猶納稅，田園荒盡尙徵苗。時挑野菜和根煮，旋斫生柴帶葉燒。任是深山更深處，也應無計避征徭。」

4. 天道無親，常與善人。

「與」者，親附也。國語齊語：「桓公知天下諸侯多與己也。」注：「與，從也。」

「善人」，孟子盡心下：「孟子曰：善人也，信人也。」趙注：「己之可欲，乃使人欲之，是爲善人。」善人是有道德而善良之人，與天地同其德。孔子家語六本：「與善人居，如入芝蘭之至。久而不聞其香，即與之化矣！」天下之理，其善者得助，其與天同化，故天道常與之。

語譯：

和解大怨，因其仇深恨大，結之已久，豈能容易化解，雖經和解，故必有餘怨未消。所以和解怎麼是好方法呢？必要無怨才好。聖人雖握有左券是債權人，但他不逼人討債，令人陷入困境，所以與人無怨。只有具道德心的執有左契才會這樣，無道德心的稅務人員，催繳賦稅是無情的。看來天道雖對萬物大公無私，無所親愛私情，但卻常親附於善人這一方。

第八十章 小國寡民

小國寡民，
使有什伯之器而不用，
使民重死而不遠徙。
雖有舟輿，無所乘之。
雖有甲兵，無所陳之。
使人復結繩而用之。
甘其食，美其服，安其居，樂其俗。
鄰國相望，
雞犬之聲相聞，
民至老死不相往來。

【釋義】

1. 小國寡民。

「小國寡民」是指國土小，人民少的國家。不過古代的有些名詞，雖然沿用至今，但由於時代的變遷，社會的演化，它所代表的意義，亦有了差異，諸如：

「天下」，在古代中國人，自以爲居天下之中，四圍皆夷狄，再外即是大海。所以天下在古代即是帝王所擁有的全部領土。故而武王在滅商之後曾說過：「溥天之下莫非王土，率土之賓莫非王臣」的話。

「國」，是由帝王封君建國的諸侯之國。其分封有大小，即公、侯、伯、子、男等五爵位。

「家」指大夫之家。它不比國的組織差。也有家臣等。所以春秋末三家分普，而變爲韓、趙、魏三國。

夏禹王即位時，萬國來朝。防風氏遲到而被殺。萬國想是概念數字，周初尚有八百諸侯，土地的兼併，人口的增加。春秋初年就只有幾十個國了。要想再回到古代部落社會，是不可能的事。所以小國寡民，應是將大國分割爲若干地區，地小人少，各自獨立，分而治之。那上面的共主帝王，才能垂拱而天下治。本章末有言：「鄰國相望，雞犬之聲相聞，民至老死不相往來。」它是各自獨立而治，要老死不相往來的分割，要知鄰國還有鄰國，有無數個鄰國。都要遵守這個約定。因爲「不見可欲，使民心不亂。」（三章）其次見六十章：「治大國若烹小鮮。」將大塊大塊的肉，放在鼎鼐中去烹，並不好吃。不如將肉切成細小的條塊，在小鍋內去烹，才入味好吃。可見分割後的小國寡民的易治。

2.使有什伯之器而不用。

俞樾謂：「什伯之器乃兵器也。」並引後漢書宣秉傳注：「軍法五人爲伍，二五爲什，則共其器物，」以爲證。然而先秦貨幣尙且不統一，軍法亦難一致。怎可以漢制釋周制。且下有言及甲兵者，似有重複之嫌。據馬王堆漢墓出土的「帛書老子」中，小篆本此句作「使十百人之器毋用。」隸書本作「使有十百人器而勿用。」綜合這兩句話看來，所謂「使」，乃有役而用之之義。「見中華辭海使字解」。故本句可譯爲「要役使十百人的工作量，才能做到的器物（機械）功能，不要去用它。」例如古代的桔槹和水車，只要一二人去引桔槹及踏水車，即可抵得上十百個人挑水灌溉的功能。這是由於「絕巧棄利、盜賊無有」（十九章）。以及「人多伎巧，奇物滋起，法令滋彰，盜賊多有。」（五十七章）的關係。令人無機心也。參看莊子天地篇。

3.使民重死而不遠徙。

中國人的個性，本來就是安土重遷。古代除了商賈貿易，戍邊戰爭，求學考試，難得遠行。既是「老死不相往來」，交通必不發達。且人對未知者常懷畏懼。涉險履深，常易造成生離死別，故不願遠行。而且破壞了「不見可欲」及「老死不相往來」的約束。

4.雖有舟輿，無所乘之；雖有甲兵，無所陳之。

此兩句是根據前一句「民重死，而不遠徙」來的。既不遠徙，要車船何用？故無所乘之。民既重死，當然不從事戰陣。因甲兵凶器也。且地小人少，無所布陣。

5. 使復結繩而用之，

上古無文字，結繩以紀事；事大結大結，事小結小結。故易繫辭云：「上古結繩而治，後世聖人易之以書契。」老子無意廢文字以復古。蓋「聖人去甚，去奢，去泰。」（二十九章）欲使社會復歸於檢僕。故不必拘泥於「結繩」二字。至如繫辭同章又云：「作結繩而爲網罟，以佃以漁」亦是結繩而用之。

6. 甘其食，美其服，安其居，樂其俗。

這只是滿足其生活之基本需求。至於甘、美、安、樂實無一定之標準可言。賈氏日食萬錢，猶言無下箸處。但饑時粗食亦甘，寒時褐衣亦美，可避風雨即安，心存淳厚，無己無私，推己及人，人溺己溺，有何不樂。所謂「知足者常樂。」故王弼注：「無所欲求」。河上公注：「其無情欲。」康衢之歌曰：「立我蒸民，莫匪爾極，不識不知，順帝之則。」非不識非不知也，只是不刻意去識去知耳。

7. 鄰國相望，雞犬之聲相聞，民至老死不相往來。

此是總結老子之政治理想的一個藍圖。這也是老子的國際觀。六韜云：「天下攘攘，皆爲利往；天下熙熙，皆爲利來。」如有來往，其間的關係就變得複雜。所謂：「不見可欲，使民心不亂。」（三章）有欲，則盜賊掠奪，戰爭兼併奴役之事，皆可發生。國際之間如無交通，能各從事其所是，大家相安無事，生活自然優裕安定。姑不論這種理想實際能否實現，一如摩爾的烏托邦一般。然而莊子天下篇云：「天下之治方術者多矣、皆以其有爲不可加矣。」故百家之學，其道術有在於是者，亦應有此一說也。

語譯：

一個理想的國家，應該是國小人少。即使有能代替十百人工作的器物與功能，也不要用。要使人民重視生死，不要作遠程遷徙。雖有車船不要乘用。雖有盔甲兵器也無所布陣使用。使人民回歸於簡單純樸的生活，滿足於衣食的甘美，安其居，樂其俗。縱使鄰國能彼此望見得到，甚至聽到雞鳴犬吠之聲，人民直到老死了，也不相互往來。

第八十一章　信言不美

信言不美，美言不信。
善者不辯，辯者不善。
知者不博，博者不知。
聖人不積：
既以為人，己愈有，
既以與人，己愈多。
天之道，利而不害，

聖人之道，為而不爭。

【釋　義】

1.信言不美，美言不信。

本章爲對所著五千言，而作的說明。亦猶乎今人常見於全書結束時，所作的「後記」或「編後」，或「跋文」也。

王弼注：「信言不美，實在質也。美言不信，本在樸也。」

「信」是誠信，實在。「美」指言詞華麗，甚或巧言令色。誠信實在的話語，目的在說明眞實的情形。所以他不需要華麗的修辭去裝飾它。相反的，辭句華美，修辭奇巧，其內容就不見得可靠了。

2.善者不辯，辯者不善。

「善者」，是指心正而行修，志於仁而無惡者。其行事本諸良心而無愧。善不欲人知，是非自有定論，故不需要辯。

「辯者」，辯，是言詞上的析理，爭論是非或曲直的。但有掩沒事實，強行辯說，服人之口而不能服人之心。模糊焦點。其本心已失其正，故非善者，如今日爲惡人辯護之無品律師即是。

3.知者不博，博者不知。

「知」通智，「智者」是指有眞知灼見之人。然學海無涯，窮畢生之力難通一經。是以專精者始有眞知灼見，而專則難求博。博則泛泛，多所涉獵而不專精，認知不深，不足以言深玄。眞理不明，故如不知。

4.聖人不積：既以爲人，己愈有；既以與人，己愈多。

王弼注：「既以爲人己愈有，物所尊也。既以與人己愈多，物所歸也。」

聖人並非不積。他所積的是「德」，所以能成其「道」。故五十九章云：「早報謂之重積德，重積德則無不克。」「德」是無形的，是一種感受。

聖人所不積的是財貨，是技能。蓋財貨「多藏必厚亡」（四十四章），且「貨惡其棄於地也，不必藏於己，力惡其不出於身也，不必爲己」（禮運大同篇）。聖人不爲外物所拘牽；財貨技能，惟用是尙，否則便爲死物。聖人與天地合其德，無私無己，德溥萬物，爲人與人，贊天地之化育，捨己爲人，道深德積，故愈有；助人濟世，生而不有，爲而不恃，人感其恩，故回饋亦愈多。

5.天之道，利而不害；聖人之道，爲而不爭。

天之道即天理也，所謂「功成身退，天之道」（九章）「天之道不爭而善勝，不言而善應，不召而自來，繟然而善謀」（七十三章）「天道無親，常與善人」（七十九章）。故天道有利而無害。

聖人之道是爲無爲，順乎自然，無私無己，爲人與人，不與人爭他「爲而不恃，功成而不處，其不欲見賢」（七十七章），聖人德合天地，「夫唯不爭，故無尤」（八章）也。故大道可傳而不可受，可傳爲師徒之相言傳，受是體認，進修踐履，故不可受也。

語譯：

誠信而實在的語言，不需華麗的詞句，巧言飾詞的話，不見得眞實可靠。眞正心正行修的人，不需要辯護。巧於辯說的不一定是善人。有眞知灼見者，所知不必廣博，表示學富無不通曉者，不見得眞有學問，聖人不會積藏，他事事爲人，自己感到滿足愈有所得。他物物與人、自己反覺得富有，所得更多。自然的天道是無私的，他利益萬物而無害，聖人與天地合其德，故其事事奉獻付出，而不與之相爭奪。